Va au bout de tes rêves !

Du même auteur

Le Premier et le Dernier Miracle, Guy Trédaniel Éditeur, 2006 ; Michel Brûlé Éditeur, 2007.

L'homme qui voulait changer sa vie, éditions Un monde différent, 2005.

Dans la même collection

Surtout n'y allez pas, 2008.

Antoine Filissiadis

Va au bout de tes rêves !

Récit

Catalogage avant publication de Bibliothèque et Archives nationales du Québec et Bibliothèque et Archives Canada

Filissiadis, Antoine, 1951-

Va au bout de tes rêves !

Réédition

(10/10)

Éd. originale : Barret-le-Bas, France : Le Souffle d'or, 1998.

ISBN 978-2-923662-02-2

I. Titre. II. Collection : Québec 10/10.

PQ2706.I44V3 2007   848'.9203   C2007-941437-0

Direction de la collection : Romy Snauwaert
Logo de la collection : Chantal Boyer
Maquette de la couverture et grille intérieure : Tania Jiménez, Omeech
Infographie et mise en pages : Axel Pérez de León
Couverture : Caroline Marcant

Les Éditions internationales Alain Stanké
Groupe Librex inc.
La Tourelle
1055, boul. René-Lévesque Est
Bureau 800
Montréal (Québec) H2L 4S5
Tél. : 514 849-5259
Téléc. : 514 849-1388

Dépôt légal – Bibliothèque et Archives nationales du Québec
et Bibliothèque et Archives Canada, 2008

ISBN 978-2-923662-02-2

Distribution au Canada :
Messageries ADP
2315, rue de la Province
Longueuil (Québec) J4G 1G4
Téléphone : 450 640-1234
Sans frais : 1 800 771-3022

Écrire, pour moi, représentait un rêve d'enfant.

J'avais tout essayé pour le concrétiser. Sans succès.

À quarante-six ans, engourdi dans mon confort, seule une solide charge explosive pouvait m'aider à bouger. En me confrontant à l'urgence, Rolando Remuto m'a donné l'impulsion nécessaire pour réaliser ce rêve.

L'urgence a été le détonateur.

Je vous livre donc une expérience vécue. La « méthode » employée par le puissant détonateur qu'est Rolando peut inciter quiconque à l'action.

S'il subsiste encore en vous une parcelle de rêve. Une étincelle de désir. C'est maintenant ou jamais.

Je remercie Rolando Remuto pour la peur panique qu'il a su adroitement m'insuffler.

Antoine Filissiadis,
le 7 juin 1998.

I

La conférence touchait à sa fin.

Sur la musique de Jean-Jacques Goldman, *J'irai au bout de mes rêves !*, huit cent cinquante personnes dansaient en criant leur propre rêve. Je donnais l'exemple en dansant sur la scène, moi aussi.

C'est alors que je le vis pour la première fois...

Vêtu d'une longue gabardine grise, coiffé d'un bonnet de laine de couleurs vives, il était debout sur sa chaise, gesticulant avec énergie. Il souriait et battait la cadence avec la tête, les bras, les pieds. Complètement déchaîné.

Il faut savoir que, à la fin de chaque conférence, j'encourage le public à se lever et à bouger en clamant son rêve. Mais ce vieillard était le seul qui s'était dressé sur son siège. Il stimulait ses voisins en frappant dans les mains. Les gens, enhardis par son exemple, sont grimpés sur leur chaise à leur tour. En quelques instants, un regain d'énergie a parcouru l'assistance. La moitié de la salle l'avait imité.

La chanson achevée, les gens ont applaudi. Puis la foule a commencé à se presser vers la sortie. Je suis resté sur la scène quelques instants encore, songeur.

En une soirée, des centaines d'inconnus ont revu leur existence, retrouvant les désirs de leur jeunesse et les exprimant tout haut.

Mission accomplie : une fois de plus, le miracle s'est produit, la majorité des participants ont bien répondu, se sont impliqués, jusqu'à l'émotion parfois.

À Bruxelles, à Toulouse, à Lille ou à Paris, les mêmes aspirations nous portent : aimer et être aimé, fonder une famille, aider nos enfants à réussir leur vie, construire une maison, vieillir en bonne santé. Parfois, on ajoute à cela un soupçon d'aventure, avec un tour du monde. Certains parlent de prendre la mer en solitaire sur un voilier, d'expéditions lointaines...

Le propos de la conférence est d'amener les participants à prendre connaissance de ces désirs, à les clarifier, puis à les exprimer. Pendant trois heures, nous redevenons ces enfants pour qui tout est possible. Nous avons le sentiment que si nous le voulons vraiment, nous pouvons obtenir ce que nous avions projeté autrefois. Qu'il est encore temps. Que tout n'est pas perdu. D'autres y sont arrivés, pourquoi pas moi ? Nous laissons tomber la raison pour vagabonder dans l'imaginaire. Nous franchissons les obstacles, tout simplement parce que nous sommes dans le pays du possible. Le temps d'une soirée, nous rouvrons timidement les tiroirs des greniers où s'entassent les trésors délaissés de l'enfance. Ensemble nous en soufflons la poussière, nous libérons le génie du rêve.

— Ce soir, nous avons de la chance. Une créature magique hante la salle : la petite fée des rêves ! Elle a une abondante chevelure dorée, des ailes d'un jaune transparent rayé de noir et une baguette magique ; elle vous murmure à l'oreille : « De tous les rêves que tu as notés sur une feuille, je peux en exaucer un. Un seul ! »

Alors les gens sélectionnent le plus fou de leurs souhaits, celui qu'ils regretteraient, à l'instant de la vieillesse, de laisser sans accomplissement.

— Vous avez choisi votre souhait essentiel ? Alors venez sur l'estrade, dites-le tout haut, criez-le, face aux autres, face à tous.

Les gens se lèvent, prennent la parole.

— Je m'appelle Maryse. Je rêve de fonder une famille…

Souvent la gorge se noue, la voix tremble, les yeux brillent. L'émotion empoigne l'auditoire. C'est, à chaque fois, un événement touchant.

Ce soir-là, dans la salle de conférence de l'hôtel Métropole, à Bruxelles, au moment précis où chacun est invité à énoncer son rêve, quelqu'un m'interpelle :

— Et vous, Monsieur Filissiadis, quel est votre rêve ?

Pris par surprise, je suis tenté d'esquiver la question. Mon rêve impossible en décide autrement : se frayant un chemin dans le labyrinthe obscur de mon inconscient, il s'impose à l'assistance, comme malgré moi.

— Écrire un livre !

Je nourris ce rêve depuis quarante ans. Combien de fois ne l'ai-je pas crié, clamé, hurlé ? Je ne compte plus le nombre de séminaires où je l'ai exprimé avec force.

Sans résultat, pourtant.

C'est le seul de mes objectifs que je ne suis pas arrivé à concrétiser.

Et voici que ce soir, une fois encore, je le retrouve, toujours aussi vivant.

La salle commence à se vider. Quelques personnes m'entourent encore, me sollicitent pour résoudre leurs problèmes, comme si j'en possédais les solutions. Invariablement, je les renvoie à eux-mêmes. C'est à eux de faire face à leurs difficultés. Certains s'en vont frustrés ; d'autres sont fâchés : ils ont payé pour s'entendre dire que c'est leur affaire, qu'ils sont les mieux placés pour la régler. *S'ils le veulent vraiment...*

Je lève la tête. L'étrange vieillard est toujours là, assis maintenant. Il semble attendre quelqu'un. Sa femme ? Mais non, c'est bien moi qu'il regarde... Lorsque je croise son regard, il m'adresse un petit signe, comme pour m'indiquer qu'il a tout son temps. Que peut-il bien me vouloir ?

Il se faisait tard. J'ai pris congé de l'auditoire en distribuant quelques cartes de visite.

Je me suis retourné vers la scène pour prendre ma serviette, l'étui qui contient le micro, le porte-micro. Mais je n'ai que deux mains.

— Permettez-moi de vous aider.

La voix était douce et chaleureuse. J'ai tourné la tête, surpris de découvrir le vieil homme à côté de moi. Il était vraiment très âgé. La peau de son visage était sèche et ridée comme s'il s'était exposé des années au soleil. Une petite barbiche grise, bien soignée, s'agitait sur son menton. Il me souriait. Difficile de refuser son aide. J'eus un moment d'hésitation. Avec naturel, il prit l'étui du micro d'une main et le porte-micro de l'autre.

Je l'ai remercié, et nous nous sommes éloignés à travers les couloirs de l'hôtel.

— J'ai l'impression que vous m'attendiez ?

— C'est exact...

Il me désigne le bar.

— J'aimerais vous parler quelques instants. Accepteriez-vous de prendre un verre avec moi ?

J'étais fatigué. J'avais envie d'aller me coucher et, j'en étais sûr, il allait m'exposer ses problèmes, comme tous les autres. J'hésitais à répondre. Je cherchais comment formuler un refus sans le blesser. Il m'avait attendu pendant une demi-heure... Il avait porté mes affaires...

— Je voudrais vous parler de votre livre, dit-il. Écrire un livre, c'est bien votre rêve, n'est-ce pas ? Sa phrase était lente, presque hypnotique. J'ai cru reconnaître l'accent espagnol.

J'ai souri. Il venait de toucher le point sensible pour me retenir.

— C'est mon obsession depuis quarante ans ! ai-je répondu.

Au bar, quelques personnes qui avaient assisté à la conférence m'ont fait signe. Le vieil homme a choisi deux fauteuils un peu à l'écart, comme si ce qu'il allait me confier exigeait l'intimité. Il commençait à m'intriguer. Après avoir déposé le matériel à côté de son fauteuil, il s'est assis et j'ai pris place en face de lui.

— Mon nom est Rolando Remuto, a-t-il dit. J'ai beaucoup apprécié votre conférence.

— Merci. Elle touche quelque chose d'essentiel en chacun de nous : le désir de se trouver une raison de vivre.

— J'ai déjà participé à de nombreuses conférences sur le sujet. Ce que j'aime chez vous, ce sont vos qualités d'animateur. Vous nous faites participer activement à la séance, vous nous obligez à changer de place, à écrire nos rêves, à les crier, et puis il y a l'exaltation de la fin... Danser son rêve, c'est très beau. Vous avez réveillé pas mal de choses, ce soir, dans le public. À cause de vous, certaines personnes vont passer une nuit blanche.

Le garçon s'est approché.

— Que puis-je vous offrir, Monsieur Filissiadis ? a demandé mon compagnon.

— Un porto rouge.

Le vieil homme a commandé deux portos.

— Vous devez être fatigué, je vais donc aller droit au but. Je vous ai entendu crier votre rêve et, dans votre cri, j'ai capté comme un appel de détresse. Permettez-moi de vous poser la question à nouveau : *voulez-vous vraiment écrire un livre ?*

Je l'ai regardé sans répondre. Alors il a insisté.

— Je veux dire : est-ce vital pour vous ?

J'ai réfléchi. À vrai dire, cette idée me rongeait.

— Cela donnerait un sens profond à ma vie, ai-je avoué.

Le garçon est revenu avec les boissons et nous avons trinqué en silence. Après avoir bu une gorgée, l'homme s'est penché vers moi et a dit, sur un ton de confidence :

— Je vais encore vous poser une question. Pardonnez-moi si elle vous choque.

Il a attendu un instant pour mieux capter mon attention, puis, en baissant encore le ton :

— Qu'est-ce qui vous a empêché d'écrire votre livre, pendant toutes ces années ?

J'ai sursauté. Une vieille blessure venait de se rouvrir.

— C'est la question que je me pose tous les jours. Je ne sais pas, Monsieur Remuto. Je ne m'explique pas cette sorte d'impuissance. D'autant plus que j'affirme, dans mes conférences et mes séminaires, que si l'on pense fortement à un objectif, quel qu'il soit, il finit par se réaliser. Je ne suis pas très crédible comme conférencier, n'est-ce pas ? « *C'est le cordonnier le plus mal chaussé.* »

Un silence. J'ai repris :

— Ce n'est pas aussi simple… je suppose… Le rêve doit trouver son chemin dans les méandres tortueux de notre cerveau… mûrir en somme… Peut-être aussi en ai-je peur… Vraiment, je ne sais pas. Est-ce un fantasme ? Il m'empoisonne l'existence depuis l'adolescence. Savez-vous qu'à l'école secondaire, déjà, je rédigeais des articles pour un journal estudiantin ? Je ne cessais de répéter à mes parents que je deviendrais écrivain.

— Et que répondaient-ils ?

— Ma mère ne me prenait pas au sérieux. Mon père, lui, me mettait en garde : « *Tous les écrivains meurent de faim.* » Il tentait de me dissuader. Ma difficulté d'écrire vient peut-être de là… J'entends encore ses injonctions.

— Peut-être, a dit le vieillard, peut-être… Toute ma vie, je me suis demandé s'il était nécessaire de connaître l'origine de la difficulté pour la traverser. Rien n'est moins sûr. Plus on en sait sur un problème, plus on s'y embourbe. Ceci relève de mon expérience personnelle. Vous, par exemple, vous semblez bien vous connaître. Pourtant, n'êtes-vous pas dans une impasse ?

Il a plongé son regard dans le mien. Pour la première fois, j'ai remarqué la beauté de ses yeux bleus. Son regard était incisif, intense, presque insoutenable.

L'homme était grand, imposant même, l'air distingué. En même temps, il semblait créer une atmosphère paisible de quiétude, de sérénité. Nous étions en février, et il faisait très froid. En dessous de sa gabardine, il portait deux pull-overs de couleurs rouge et orange, et un pantalon de velours noir. Il était chaussé de bottines fourrées, bien cirées. Avec sa barbiche, son bonnet de laine sur la tête, ses épais sourcils, il avait l'air d'un moine oriental travesti à l'européenne.

— Quelle est votre nationalité ?

— Je suis argentin. Mon nom est Remuto. Mais tout le monde m'appelle Rolando.

Il avait la voix cassée.

— Je suis votre sujet, dit-il tout à coup.

Je ne comprenais pas.

— Quel sujet ? Que voulez-vous dire ?

— Le sujet de votre livre. Pour écrire, l'envie ne suffit pas, il vous faut un thème. Je pourrais être le vôtre, si vous êtes d'accord, bien sûr.

— Vous voulez que j'écrive votre vie ?

Il a ri.

— J'ai dépassé tout cela, Monsieur Filissiadis. Ma vie n'a rien d'extraordinaire. Qui pourrait s'intéresser à moi ? Les gens m'évitent. Je vis en ermite. Non, ce que je puis faire, c'est vous donner le déclic. L'impulsion d'écrire.

— Vous êtes écrivain ?

— Pas du tout ! Je suis professeur de danse. Et je ne vais pas vous aider à rédiger, car je ne connais rien à l'écriture. Je puis seulement vous inciter à vous y consacrer. Et vous procurer les moyens de franchir les obstacles.

— Comment ?

— Le « comment » viendra plus tard. L'important est de savoir si vous voulez que je vous accompagne dans la réalisation de votre projet. En d'autres mots : *voulez-vous développer en vous l'envie irrésistible de vous mettre à l'ouvrage et d'aller jusqu'au bout de cette aventure, malgré les empêchements, les découragements, les hésitations, les difficultés qui ne manqueront pas de surgir ?*

Pendant qu'il parlait, je l'observais. Il paraissait avoir cent ans. Comment pourrait-il m'aider ?

Il devait lire dans mes pensées.

— Je suis vieux, dit-il. J'ai traversé la vie, la bonne et la moins bonne, et aussi la pire. J'ai quelque connaissance des motivations qui font agir les hommes. Je vous propose de mettre mon expérience à votre service.

— Monsieur Remuto, je vais être franc avec vous. Une question me brûle les lèvres : pourquoi agissez-vous ainsi ? Je ne connais personne qui fasse cela…

Il m'a interrompu :

— … pour rien ?

— C'est ce que j'allais dire.

— Personne ne fait rien pour rien. Même Mère Teresa reçoit quelque chose en échange de son dévouement. Donner et recevoir. Vous en avez parlé dans votre conférence : toute relation implique un échange, il y a ce que l'on donne, et ce que l'on reçoit. Cette règle ne souffre aucune exception. Un Sage a dit : « *Même le plus grand sage, qui considère chacun comme étant lui-même, agit dans son propre intérêt. Seulement pour lui, "son propre" inclut tout le monde, "son propre" inclut tout… Tout homme agit, toujours, dans son propre intérêt.* »

J'ai hoché la tête. Qu'allait-il me demander en échange ?

— Je suis ici, ce soir, parce que vous l'avez demandé, Monsieur Filissiadis. Vous avez crié cette demande, tout à l'heure. Ce n'est pas la première fois que je vous entends réclamer de l'aide. J'ai eu le plaisir d'être présent à une autre de vos conférences, à Lille, où j'étais de passage, il y a quelques mois. Là aussi, vous avez mentionné votre désir d'écrire un livre. Votre aspiration me touche. Je suis vieux, le temps, pour moi, est une denrée rare. Cela comblerait honorablement la fin de ma vie. Et qui sait, le moment venu, je vous demanderai peut-être un petit service. Le prix à payer, en somme.

Il s'est tu. Il se faisait tard. J'ai appelé le garçon et lui ai fait signe de nous servir un autre verre.

J'ai l'impression de me trouver au pied du mur. Je dois prendre une décision… Mais qu'est-ce qu'une acceptation va impliquer ? Combien de temps vais-je devoir consacrer à ce travail ? Que va-t-il exiger *de plus* ? J'ai peur de cette décision. Est-ce que, vraiment, je veux cela : écrire un livre ? Plusieurs fois déjà, j'ai essayé ; mais jamais je ne suis allé très loin. J'ai du mal à rester assis, dans l'attente d'une hypothétique inspiration. J'ai l'impression de perdre mon temps. Et puis, ai-je seulement du talent ? J'en doute. Je manque d'imagination. Et puis, tant d'ouvrages sont publiés chaque année ! Qui va s'intéresser au mien ?

Timidement, j'ai dit :

— Je voudrais réfléchir à votre proposition…

— Vous êtes en train de spéculer, Monsieur Filissiadis ! Vous négociez. Un rêve ne se négocie pas, ou alors ce n'est pas un rêve. Vous avez peur de prendre une décision, n'est-ce pas ? Qu'avez-vous fait, ce soir, avec nous, pendant votre conférence ? Vous nous avez demandé de définir nos rêves, puis, vous avez fait intervenir la fée : « Je peux réaliser, là, tout de suite, votre souhait le plus cher : choisissez-le ! »

Il fait une pause. Un long silence s'installe, puis il reprend :

— En quelque sorte, en créant l'urgence, vous nous avez obligés à prendre une décision. Il n'y avait pas de discussion possible car la fée ne viendrait pas deux fois ! Moi non plus, je ne reviendrai pas. À mon âge, je n'ai plus le temps de marchander. Vous n'avez qu'une seule opportunité. Dites-moi *oui* ou *non* ! Si c'est oui, nous irons de l'avant. Si c'est non, je comprendrai, et vous n'entendrez plus parler de moi.

Il parle mon langage. Ce sont mes propres mots que j'entends. Il a raison, la vie ne se négocie pas. Et il s'agit de ma propre vie.

J'ai senti monter des larmes, et j'ai dû faire un effort pour les retenir. Il m'a solidement secoué, le diable d'homme ! *« La peur de perdre nous fait perdre. »* C'est du moins ce que j'affirme à mon public. Et moi, qu'ai-je donc à perdre ? Seul, je n'y arrive pas. Est-ce le fait de demander du secours qui m'arrête ? La perspective d'avouer, plus tard, que je me suis fait aider ? Tout à coup, je songe à la première règle de toute thérapie : *demander de l'aide*. Cette même règle est d'usage chez les alcooliques anonymes. Sans une telle demande, rien ne peut commencer.

Mon cœur bat très fort. Je suis en sueur, de la tête aux pieds.

— Je crois bien avoir besoin d'un peu d'aide, ai-je avoué en regardant le sol.

II

Je l'ai revu un mois plus tard.

Début mars. Un lundi. Je venais tout juste de rentrer de Toulouse où j'avais animé, pendant quatre jours consécutifs, un séminaire qui avait été merveilleux.

— Le meilleur ! ai-je dit à Jean-Louis, mon organisateur de Toulouse.

— C'est ce que tu dis à chaque fois.

Après un séminaire, je ressens toujours une certaine difficulté à revenir à la vie quotidienne. Quelques jours me sont nécessaires. Les stagiaires, eux, ont besoin de deux à trois semaines pour se réorienter. Les choses de leur vie ont pris une autre importance. Comme s'ils avaient déplacé tout leur mobilier. La perspective s'étant modifiée, ils voient les choses autrement. Il leur faut du temps pour occuper ce nouvel espace. Pendant les jours qui suivent, ils se sentent perdus, mal à l'aise dans leur nouvelle existence. Ils n'ont qu'une envie : revenir à leurs anciennes habitudes, retrouver des lieux connus. C'est ce qu'on appelle la *résistance au changement*. Cependant, pour évoluer, il faut accepter de passer momentanément par un état d'inconfort. Pour certains, cette transition se vit dans la douleur, tant ils s'accrochent au passé.

Pendant le séminaire, les masques tombent les uns après les autres, les cœurs s'ouvrent et se confient. Nous partageons alors des moments d'intimité de toute beauté. Inévitablement, des liens se nouent, des amitiés se créent. Difficile, après quatre jours, de se séparer du groupe ! Pourtant, c'est essentiel, chacun doit reprendre la responsabilité de sa propre aventure. Retrouver ses problèmes à l'endroit où il les a laissés et les affronter courageusement. Seul. Personne ne peut les résoudre à sa place. C'est le choc du retour. Bienvenue dans le quotidien !

À peine ai-je posé mes valises que le téléphone sonne.

— Bonjour, Monsieur Filissiadis.

Je reconnais cette voix cassée, chaude et tellement douce.

— Ah ! Monsieur Remuto ! Je viens tout juste de rentrer de Toulouse.

— Comment s'est déroulé le séminaire ?

— Merveilleusement bien, merci. L'un de mes meilleurs. C'était une expérience tellement forte ! Je suis encore dans le brouillard.

— Nous devions nous voir aujourd'hui, mais peut-être avez-vous besoin de vous reposer ? Ne serait-il pas plus sage de reporter le rendez-vous ?

J'ai pris cette question comme une mise à l'épreuve. J'emploie moi-même ce genre de tactique pour évaluer le niveau d'engagement d'une personne, je ne vais pas tomber dans le panneau !

— Certainement pas. Il est temps d'aller de l'avant. Mon livre m'attend. Je serai chez vous à dix-neuf heures.

— Vous êtes sûr ?

— Tout à fait !

— Très bien ! Alors, à tout à l'heure.

Et il raccroche.

Je l'avais oublié, celui-là. Que faire ? Y aller ou pas ? Drôle de bonhomme quand même, avec sa petite barbe et son bonnet. Il va s'occuper de moi... Ce sera sa raison de vivre... Difficile à croire. Mon livre, sa raison de vivre ! Bizarre... Dans quoi me suis-je fourré ? J'irai le voir. Mais seulement par curiosité.

Le vieil homme avait griffonné une adresse sur un bout de papier : 107, avenue de la Couronne. Juste en face du cimetière d'Ixelles, dans le sud de Bruxelles.

À l'heure précise, je me trouve devant une porte cochère bleue, entrouverte. La maison doit se situer à l'arrière. Il n'y a pas de nom sur la porte. Et pas de sonnette. Juste un panneau en bois avec une inscription : *LE CHEMIN – Fond de la cour*. Pas de Rolando Remuto en vue. Je traverse la petite cour et arrive à l'arrière de la maison, devant une porte métallique au-delà de laquelle j'entends distinctement le son d'un violon. Je frappe doucement, n'attends pas de réponse, fais coulisser la porte, entre. Je découvre une petite salle rectangulaire, sans fenêtres, dont l'un des murs est recouvert de miroirs. La lumière du jour traverse le plafond, par une large baie vitrée.

Au centre de la pièce, une jeune femme danse en glissant sur le parquet brillant. Je referme la porte, doucement.

— Enlevez vos chaussures ! dit la jeune femme, sans s'arrêter de danser.

Je lui obéis, longe le mur, m'assieds sur un tabouret qui semble m'attendre.

À en juger par la souplesse avec laquelle elle se déplace, je devine une danseuse confirmée, sans doute une professionnelle. Elle porte une tunique de coton couleur safran. Un foulard brillant en soie lui couvre la tête. Je ne peux voir ses yeux, dissimulés par de petites lunettes rondes aux verres teintés.

J'assiste alors, émerveillé, à un ballet déroutant, d'une étonnante chorégraphie, une pantomime improvisée. La danseuse semble dialoguer par le mouvement avec un personnage invisible. Elle s'offre, se débat, pour enfin s'abandonner avec une sorte de terreur. Ses gestes, par moments fluides et circulaires, deviennent saccadés et chaotiques pour se transformer ensuite en une valse lyrique intériorisée. Quand elle se relâche, ses mouvements coulent avec douceur, comme si elle se déplaçait dans du velours. Elle s'abandonne alors avec une espèce de volupté à l'œuvre musicale qui l'enveloppe et la caresse sensuellement.

Je reste là, rempli d'admiration, à la regarder.

Elle exécute encore un dernier mouvement plus rapide, spontané, et la musique cesse brusquement. La jeune femme reste alors un moment immobile, puis se tourne vers moi avec une révérence.

— Bravo ! C'était magnifique. Si je pouvais danser comme vous !

— Mais vous le pouvez.

Elle saisit une chaise et vient s'installer tout près de moi, ses jambes touchant les miennes.

— Vous venez pour des cours ?

Une voix de jeune fille. Elle ne doit guère avoir plus de vingt ans.

— Non, pas du tout. Je ne sais pas si je suis au bon endroit, je cherche Monsieur Remuto, Rolando Remuto. Il m'a donné rendez-vous à cette adresse.

Elle sourit. J'aperçois ses dents, d'une blancheur éclatante. Son corps de jeune femme, offert en spectacle au visiteur imprévu que je suis, exhale encore le fluide sensuel libéré par ses mouvements. Elle est là, toute proche, abandonnée lascivement sur sa chaise.

Après tant de temps, je me souviens encore de ce sentiment confus, troublant, qu'elle provoquait sciemment et qui m'envahissait peu à peu, pendant tout notre entretien. Assise à mes côtés, elle mouvait délicatement son corps avec recherche, jouant subtilement avec sa respiration, sa position, tout en m'épiant au travers de ses lunettes.

— Excusez-moi pour les lunettes, dit-elle, mais Jacqueline est sensible à la lumière. Vous cherchez Monsieur Remuto ?

— J'ai rendez-vous avec lui, ici.

— C'est le professeur de Jacqueline.

— Qui est Jacqueline ?

— C'est moi.

Elle parle d'elle à la troisième personne ! Comme une adolescente, pour attirer l'attention, me dis-je. Pour se rendre intéressante. Mais cela ne me déplaît pas.

— Vous êtes danseuse professionnelle ?

Elle sourit toujours.

— Jacqueline prend des leçons avec Monsieur Remuto.

Je balaie la salle du regard.

— C'était un hangar, dit-elle. Monsieur Remuto l'a fait aménager en école de danse. C'est une belle école, mais sans élèves. Pour être plus précis, disons que Jacqueline est sa seule élève. Elle ne voit plus personne, alors elle danse pour elle et pour son professeur.

— Vous n'avez pas d'amis ?

— Si. Mais elle ne veut plus danser pour eux. La danse est un échange, un partage, un acte sacré. La dernière fois qu'elle s'est exhibée devant eux, elle s'est sentie abandonnée. Ils ne pouvaient plus la voir. Ils ne voyaient que la mort en elle.

Elle dénoue son foulard et je vois son crâne, nu. Elle est chauve.

— Parce qu'elle va mourir, ajoute-t-elle en haussant les épaules.

Un frisson d'effroi me parcourt le corps. Le sida, me dis-je. Aussitôt, je pense à moi, à mon passé tumultueux. J'ai peur.

— Elle a la leucémie, précise la jeune femme en riant, n'ayez pas peur, cela ne s'attrape pas dans un courant d'air.

Comment peut-elle se moquer de sa maladie, une maladie mortelle ? Peut-être le fait d'en rire la rend-elle plus tolérable…

— Pourquoi dites-vous que vous allez mourir ? De nos jours, la leucémie se guérit.

— Parfois. Mais Jacqueline n'y croit plus. Elle a beaucoup lutté. Quand on est en bonne santé, on ne sait pas ce que lutter veut dire. Maintenant, Jacqueline a décidé de prendre du plaisir de sa vie. De *toute* sa vie. Et de ne plus se battre. Personne ne peut dire si c'est un bon ou mauvais choix. Des amis d'hôpital sont partis. Certains avaient beaucoup résisté. Ça ne les a pas empêchés de mourir. D'autres, comme par miracle, se sont retrouvés guéris. Ceux-là, justement, ne luttaient plus. Ils s'étaient préparés à la mort. Ils avaient accepté, lâché prise. Et les voilà guéris ! Allez comprendre ! Les livres disent qu'il faut livrer bataille, lutter contre la maladie. Que ceux qui se résignent disparaissent les premiers. Le psychologue de l'hôpital propage aussi ces bobards. C'est faux ! Tout ça, c'est des mots ! De vains espoirs. Des raisonnements. Jacqueline a cessé de raisonner. Heureusement, la danse l'aide à tenir. Jour après jour.

Silence. Je me sens mal à l'aise. Que dit-on dans ces cas-là ? Quels sont les mots attendus par un condamné ?

— Je comprends, dis-je.

Elle hausse les épaules.

— Que comprenez-vous? Il n'y a rien à comprendre.

Je perçois de la provocation dans ses paroles. J'adoucis le ton, m'efforçant de me montrer amical, compatissant. De trouver les mots qui rassurent. Peut-être devrais-je tout simplement me taire.

— Je crois comprendre votre réaction, il y a tant de choses qui nous échappent! Tenez, il y a trois ans, dans un séminaire, j'ai fait la connaissance d'un homme d'une cinquantaine d'années – c'est devenu un ami – atteint lui aussi d'un cancer, d'une forme assez rare et grave; eh bien! depuis deux ans, sa maladie est en rémission. C'est un battant. En participant activement à sa guérison, il affirme avoir donné *de la vie à sa vie*. Mais ce doit être, comme vous l'avez dit, un choix personnel.

Nous restons un petit moment à nous observer, sans parler. C'est elle qui rompt le silence.

— Pourquoi voulez-vous voir mon professeur?

Elle change de sujet, et j'en suis soulagé.

— Mon rêve est d'écrire un livre. Savez-vous dans quelles circonstances j'ai connu votre professeur? Avez-vous encore un moment à m'accorder?

Elle fait oui de la tête.

Je lui raconte la présence du vieil homme à ma conférence, sa façon de danser sur sa chaise à la fin de la soirée, et aussi sa proposition étrange de m'aider à écrire mon livre alors qu'il ne connaît rien à l'écriture.

Elle rit.

— C'est bien lui, ça! dit-elle.

Elle réfléchit un instant et ajoute:

— Avant sa maladie, Jacqueline faisait des tas de projets. C'est normal, elle était immortelle. Maintenant, elle n'ose plus rêver. D'ailleurs, pour elle, ce mot ne veut plus rien dire.

Elle ôte ses lunettes. Ses yeux sont gris. D'un gris légèrement bleuté, cristallin. On dirait deux pierres marine.

— Quelle est la raison de tout ceci ? reprend-elle. La raison de cette maladie ? Qu'a-t-elle fait pour mériter ça ! À quoi servent les jours qui passent ? D'où venons-nous ? Où allons-nous ? Vous posez-vous ce genre de questions, vous aussi ?

Brusquement, elle se redresse sur son siège.

— Dites-moi, Monsieur, pourquoi vivons-nous ?

— Je ne sais pas.

— Vous ne savez pas ! fait-elle en levant les bras en signe d'impuissance. Que faites-vous dans la vie ?

— J'anime des séminaires de développement personnel.

— Vous donnez des cours, en somme.

— En somme, oui.

— Et vous leur apprenez quoi, à vos séminaristes ?

— À vivre mieux, à se débarrasser des fardeaux qui les encombrent.

— Quels fardeaux ? À part l'idée de la mort, je ne connais pas d'autre fardeau. Pourquoi mourons-nous ?

— Je ne sais pas.

— Vous ne savez pas !

Elle se tait un instant, puis reprend, brutale :

— Vous devriez changer de métier. Si vous ne savez pas pourquoi nous vivons ni pourquoi nous devons mourir, alors vos séminaires n'ont aucune raison d'être. Vous parlez pour ne rien dire ! Au fond, nous sommes pareils, nous allons tous deux mourir et nous ne savons pas pourquoi nous vivons…

J'ai la chair de poule. Je ne vais pas mourir !

Presque violente, elle semble m'attaquer personnellement. Je tente de la calmer :

— Personne ne peut répondre à cette question. Aucun professeur, aucun philosophe, aucun psychologue, aucun écrivain, aucun mathématicien... Personne !

— Celui qui ne peut répondre à cette question n'a rien à apprendre aux autres, car il ne sait rien. Ses paroles sont creuses. En dehors de la vie et de la mort, rien n'a d'importance ! C'est Jacqueline qui l'affirme ! Et vous savez quoi ? Elle sait de quoi elle parle, elle ! Car elle va mourir !

Elle se lève brusquement, et me lance un regard chargé de défi.

— Accepteriez-vous de faire quelque chose de bizarre, si Jacqueline vous le demandait ?

— Cela dépend.

— Vous êtes prudent.

Elle me fixe intensément. Je baisse les yeux.

— Vous avez un regard difficile à soutenir, dis-je.

— Je sais. Alors ?

— Que dois-je faire ?

La jeune femme me désigne le centre du studio.

— Levez-vous et dansez pour Jacqueline, sans musique.

C'est comme si elle venait de m'asséner un coup sur la tête. Elle plaisante, sans doute !

— *Pourquoi ?*

Étrangement, je me sens pris d'une sorte d'affolement.

Mais la jeune femme insiste, en montrant le centre du studio.

— Il n'y a pas de *pourquoi*, dit-elle. Faites-le ! Tout simplement. Allez au centre de la pièce et dansez pour moi. Sans raison. Ne l'avez-vous pas fait lors de votre conférence ?

Je me dérobe encore.

— Ce n'est pas la même chose. Je ne peux pas. Vous m'intimidez. Après vous avoir vue danser, je me sentirais ridicule. Rien que de m'imaginer là, au milieu du studio, en train de bouger sous vos yeux… Je suis littéralement paralysé. Laissez-moi un peu de temps… Je reviendrai vous voir, j'en ai envie.

— D'accord, dit-elle en hochant la tête. Jacqueline vous croit.

— Dites-moi, pourquoi insistez-vous tellement ? Le fait de danser, pour moi, ça n'a pas de sens !

— Justement, en passant à l'action, *malgré cela*, vous lui donnez un sens. Vous comprenez ?

— Pas très bien.

— Vous ne savez pas ! Vous ne comprenez pas ! Jacqueline n'aimerait pas participer à vos séminaires. Quel genre de professeur êtes-vous ? Jacqueline va vous le dire : un intellectuel qui vit dans sa tête. Lorsque Jacqueline propose à un enfant de danser, il le fait, sans poser de question. Il n'a aucune raison de le faire, mais il le fait ! Les adultes, il leur faut un pourquoi. Si Jacqueline était une cérébrale, elle serait déjà morte et enterrée ! Heureusement, la danse lui évite de ruminer. Le temps qui lui reste, elle ne le pense pas !

Elle remet ses lunettes, visiblement irritée, et tourne son regard vers la porte. Il est temps de partir.

— Puis-je vous demander le nom de l'œuvre sur laquelle vous avez dansé ?

— Schubert. *La jeune fille et la mort.*

Des picotements d'effroi me traversent le corps.

— Vous trouverez Monsieur Remuto chez lui, ajoute-t-elle ; c'est à droite en sortant, dans la cour. Frappez fort sur la porte, il est un peu sourd.

Je me suis levé, j'ai repris mes chaussures.

— Vous reviendrez me voir ?

Elle avait détourné la tête et me regardait maintenant dans le grand miroir mural.

— Promis, ai-je lancé.

— N'attendez pas trop longtemps, je ne serai peut-être plus là…

— Et où serez-vous ?

Je me suis mordu les lèvres.

La maison du vieil homme se trouvait à côté du studio. J'allais frapper, quand j'ai aperçu un billet épinglé sur la porte, qui m'était adressé.

« *Cher Monsieur Filissiadis,*

Nous avions rendez-vous à dix-neuf heures. Je vous ai attendu deux minutes. Ne vous voyant pas, je me suis dit que votre dernier séminaire vous avait peut-être fatigué, et que vous aviez décidé de rester chez vous.

Si vous lisez ces lignes, c'est que vous êtes venu, mais en retard. Désolé, j'ai profité de l'occasion pour aller me promener.

Rolando Remuto.

P. S. Je vous attends demain à dix-neuf heures précises. »

J'ai relu le message plusieurs fois. Stupéfiant ! Il m'a attendu deux minutes ? Qu'est-ce que c'est que ce type ? C'est vrai, j'ai trois quarts d'heure de retard ! Mais ça, il l'ignorait ! Après une longue attente, j'aurais compris sa réaction ; mais il m'a attendu deux minutes ! Il est complètement fou ! Cela veut dire que si j'étais arrivé deux minutes en retard, j'aurais trouvé porte close ? *J'en ai profité pour aller me promener.* Au surplus, il me nargue. Bon ! Voilà l'affaire classée. Ce n'est pas plus mal, sa proposition d'aide me semblait louche. Pour qui se prend-il ? Je reviendrai demain soir pour tirer les choses au clair. Il a besoin d'une leçon ! *Je vous ai attendu deux minutes.* N'est-il jamais en retard, lui ?

III

Le lendemain soir, je me suis arrangé pour être pile à l'heure devant chez lui. J'allais frapper quand la porte s'est ouverte toute grande. Monsieur Remuto est apparu sur le seuil.

— Bienvenue dans mon humble demeure, dit-il en s'effaçant pour me laisser entrer.

L'intérieur était simple, meublé sommairement d'un canapé en cuir aussi usé que son propriétaire et de deux fauteuils en bambou. Au milieu de la pièce, au-dessus d'une table basse en rotin, pendait un lustre avec des bougies électriques. Sur un buffet, des photos souriaient dans des cadres dorés rectangulaires. C'était à peu près tout l'ameublement du salon de Monsieur Remuto. Il vit mon regard et haussa les épaules.

— Je n'ai pas de gros besoins, dit-il. Pas de télévision, pas de radio, pas de livres... Vous comprenez, il ne me reste plus assez temps pour ces distractions.

Autrefois, quand j'étais jeune, je tuais le temps, j'en avais trop ; enfin, c'est ce que je croyais. Chaque minute de ma vie, à présent, compte pour dix. À ce propos, je suis un peu fâché contre vous, vous m'avez fait perdre deux minutes, hier soir.

Voilà qu'il revenait avec ses deux minutes. J'ai décidé de garder mon calme, de rester poli.

— Je suis vraiment désolé. Je me suis trompé d'entrée, je suis allé à votre studio. J'y ai rencontré Jacqueline, votre élève. Lorsque je suis entré, elle dansait, je n'ai pas osé l'interrompre. Ensuite, nous avons un peu parlé. Je crois qu'elle en avait besoin.

Le vieil homme a souri.

— Tant de circonstances nous détournent de notre rêve ! Jusqu'à l'âge de trente ans, j'étais, moi aussi, constamment en retard, à côté de ma vie. Comprenez... je ne vous parle pas d'heure... La plupart des gens ratent le train de leur destinée. Ils ont de bonnes raisons, amplement justifiées. Mais ils restent quand même sur le quai. Pour deux minutes.

Il n'y avait aucun reproche dans sa voix. J'allais donner mon avis, mais il a brusquement changé de sujet :

— Je vous sers un thé ?

— Volontiers.

Il m'a désigné l'un des fauteuils.

— Je vous en prie, prenez place.

Pendant qu'il s'éclipsait dans la cuisine, j'ai parcouru du regard les documents exposés sur le buffet. Des photos d'enfants, une femme, des amis... des articles de presse... des danseurs sur scène, en pleine action ou posant en groupe... les ovations d'un public enthousiaste... J'ai essayé d'identifier le vieil homme parmi les autres danseurs, mais n'y suis pas arrivé. Pratiquement nus sur scène, tous âgés d'une vingtaine d'années, ils se ressemblaient comme des frères.

— Ce n'est pas grand-chose une vie, n'est-ce pas ?

Il était revenu avec un plateau d'argent sur lequel il avait placé un ravissant service à thé oriental et quelques gâteaux.

— Nous allons boire à notre collaboration.

Il a posé le plateau délicatement sur la petite table du salon, et m'a tendu une tasse. Je me suis installé dans l'un des fauteuils et Monsieur Remuto s'est assis sur le canapé.

— À votre rêve, a-t-il dit.

— Au vôtre, ai-je répondu, en trinquant avec lui.

Nous avons bu une gorgée en silence. On a entendu la sirène d'une ambulance dans la rue.

Le vieil homme a eu un geste en direction du buffet.

— Une vie se résume souvent à ces quelques images en papier, a-t-il dit. Ou à quelques souvenirs dans la tête. J'ai de plus en plus de mal à retrouver mon passé. Comme s'il n'avait pas existé. Je suis incapable de situer chronologiquement les événements. Pourtant, j'aurais aimé en identifier le fil conducteur. Il y en a un, j'en suis sûr, et je voudrais le connaître. Sans doute serais-je étonné, car il doit être bien banal. Sous des aspects variés, complexes en apparence, nous répétons inlassablement les mêmes actions, nous rencontrons le même groupe de personnes, nous lisons le même genre de livres, nous mangeons le même type de nourriture et poursuivons inconsciemment le même but. Dans votre conférence, vous nous avez posé une question fondamentale ; permettez-moi de vous la poser aussi : quel est le sens de votre vie ? Qu'est-ce qui vous fait vibrer ? Pourquoi vous levez-vous, le matin ?

J'ai bu une gorgée de thé, pour me donner du temps. J'avais une réponse toute faite, celle que je destinais aux participants de mes séminaires et conférences, mais je savais que ce n'était qu'une pirouette. En réalité, j'étais bien incapable de répondre à cette question. Je lui ai donc sorti ma réplique habituelle.

— J'ai découvert que chacun de nous avait un talent : la musique, la peinture, la cuisine pour certains, le commerce, l'architecture pour d'autres. Mon talent à moi, c'est d'aider les gens à réfléchir sur leur vie, à clarifier leurs problèmes, et à trouver des solutions. Le sens de ma vie, Monsieur Remuto, c'est d'aider les autres à trouver un sens à la leur.

— C'est clair et concis, a dit le vieillard.

Il n'y avait rien de moqueur dans sa voix, mais j'ai senti qu'il n'était pas dupe. Il était trop poli pour réagir, et il a feint d'accepter ma réponse. Il a même abondé dans mon sens, poliment.

— Aider les autres apporte beaucoup de satisfaction. Vous avez bien de la chance d'avoir trouvé le sens de votre vie, à votre âge. Beaucoup de gens, à mon âge à moi, ne savent toujours pas pourquoi ils ont vécu. Au dernier instant, vous savez, juste à la seconde où l'on glisse dans l'au-delà, certains entrevoient soudain le sens qu'ils auraient pu donner à leur existence, ou ce qu'il aurait dû être. Ceux-là ont un dernier sursaut pathétique : ils se raccrochent à la vie, ils veulent témoigner, parler. Mais à ce moment-là, c'est déjà trop tard. Ils ne sont pas tout à fait morts, mais plus tout à fait en vie cependant.

— Comment savez-vous cela ? Comment pouvez-vous connaître les dernières pensées d'un homme ?

— Excusez-moi, a-t-il dit, j'ai omis de vous parler de moi, de mon métier actuel.

Il s'est mis à rire.

— Depuis quelques années, j'exerce un métier semblable au vôtre : je suis *ouvrier-thérapeute*. Moi aussi, d'une certaine façon, j'aide les gens à vivre en dépit de leurs difficultés. Mais je reçois mes clients individuellement. Ils ne viennent pas à moi, c'est moi qui vais les chercher. Comme je suis venu vous chercher l'autre soir au Métropole.

— Ouvrier-thérapeute ?

Encore un truc bizarre ai-je pensé, et j'ai fait un effort pour ne pas pouffer. N'importe qui fait n'importe quoi à l'heure actuelle… Encore un illuminé ! Je commençais à me sentir mal à l'aise. Le bonhomme venait de perdre sa crédibilité à mes yeux. Je n'avais plus envie de rester là. J'ai songé à la jeune fille, Jacqueline ; ce devait être son élève, sa chose, et lui son gourou.

— Je comprends que cela puisse vous dérouter. Ouvrier-thérapeute, c'est un métier qui n'existe pas officiellement, et à me voir aujourd'hui, on pourrait plutôt me prendre pour un sans-abri, n'est-ce pas ?

Je m'en voulais d'avoir sursauté, il l'avait remarqué. J'allais le rassurer mais il a continué :

— Les gens auraient raison de le croire en me voyant. Et au fond, je pourrais l'être, en effet. Mais pas dans le sens où vous pourriez le penser. Laissez-moi vous raconter comment je suis arrivé en Belgique…

À l'époque – je vous parle de quand j'étais jeune – j'étais ce qu'on appelle un danseur renommé. J'ai eu mon heure de gloire. J'ai commencé ma carrière en dansant pour les plus grands chorégraphes, j'ai fait le tour du monde. Quelques années après, je me suis établi à Buenos Aires, où j'ai ouvert ma propre école. On venait de loin pour travailler avec Rolando ! Ma clientèle était importante. Je travaillais beaucoup. Mon métier était tout pour moi. Une vraie passion ! Avec le succès et l'argent sont venus les problèmes familiaux. Ma femme et moi, nous en avons eu notre part, et notre couple n'a pas résisté. Elle m'a quitté. Alors, j'ai tout vendu. J'avais assez d'argent. Tout cela s'est passé il y a bien longtemps, trente-deux ans exactement. J'ai bourlingué quelques années. Puis j'ai atterri ici, en Belgique. Ma femme avait suivi son nouvel époux et y résidait. J'ai acquis cette petite habitation, avec le hangar à l'arrière dont j'ai fait un studio de danse. La maison est modeste, mais elle me suffit. Elle est même un peu trop grande pour moi… Peut-être vais-je m'en séparer. Je pense à une résidence plus discrète, dont j'ai dessiné les plans moi-même. Vous aurez l'occasion de la découvrir un de ces jours.

Le ton de sa voix avait changé.

— Vous avez dessiné les plans de votre nouvelle maison ? dis-je, réellement étonné. Vous faites encore des projets d'avenir, à votre âge ? C'est merveilleux.

— Attendez, je ne vous ai pas tout dit.

Il s'est levé et s'est dirigé vers la fenêtre.

— Venez voir.

Il a écarté les rideaux, et m'a montré le cimetière.

— J'ai acheté un petit lopin de terre que je compte occuper dans pas très longtemps. À côté de l'endroit où repose ma femme.

Il s'est tourné vers moi, observant l'effet de ses paroles. Il m'a fallu quelques secondes pour comprendre toute la portée de ses mots.

— Vous voulez dire que vous vous préparez à rejoindre votre femme dans la mort ?

— Exactement. J'ai travaillé dans tous les coins du monde. J'ai tout fait, j'ai tout vu. Finalement, j'ai décidé de rejoindre la seule femme que j'ai aimée, et de me consacrer à elle. Elle repose là-bas. Pour être près d'elle, j'ai postulé pour un emploi au cimetière. Homme à tout faire. Je connaissais le maire d'Ixelles à qui j'ai rendu des services, autrefois. Il savait mon histoire et m'a octroyé cette occupation, à vie. Elle me prend quelques heures par jour. Il s'est dit, je suppose, que je n'en avais plus pour longtemps. Mais c'est moi qui l'ai enterré. Il repose là, lui aussi, j'entretiens sa tombe comme celles des autres, avec amour. J'enlève les feuilles mortes, je rajoute un peu de terre, je taille les arbustes. Vous voyez, je travaille dehors, à l'air libre. En contact journalier avec la mort. Cela remet bien des choses en place, croyez-moi. Cela donne de la valeur à la vie. Quand un problème difficile se présente, je demande l'avis des pensionnaires du cimetière – je les connais tous, depuis le temps ! – leur appréciation est toujours juste. En fait, ils n'ont pas beaucoup de conversation ; quelle que soit la question posée, ils me répètent la même rengaine : « Tu es vivant ? Alors, quoi que tu fasses, c'est bon. »

Quel conseil remarquable ! Et puis, c'est un beau métier que le mien. J'y noue des relations. Les visiteurs réguliers ont appris à me connaître, ils viennent me parler. Je suis devenu leur confident. Je les écoute avec attention. Je prends mon temps. Prendre le temps d'écouter l'autre, cela s'appelle de l'amour. C'est ce qu'ils viennent chercher auprès de moi. Voyez-vous, à la fin de ma vie, je joue au thérapeute. La différence, c'est que maintenant...

Ses yeux se sont remplis de malice.

— ... je ne me prends plus au sérieux.

Il a pointé son doigt vers le cimetière.

— Est-il possible de se prendre au sérieux dans un endroit pareil, dites-moi ?

Je l'avais mal jugé. Il était très fin. Il jouait avec moi, j'en étais sûr. Il me manipulait. Je devais faire un effort, rester vigilant. Où voulait-il en venir ? On n'avait pas encore abordé le sujet de mon livre.

Le soir était tombé, lentement. Monsieur Remuto m'a proposé de dîner avec lui. Il avait prévu un repas pour deux.

— Nous mangerons dans la cuisine, si cela ne vous dérange pas, a-t-il proposé.

— Pas du tout. Voulez-vous un coup de main ?

— Merci, mais tout est prêt.

Il a ouvert le frigo et en a retiré deux assiettes garnies.

— Salade de poulet froid, arrosée d'un vin rouge frais ! a-t-il annoncé.

Mon hôte était prévenant. Il a servi le vin et nous avons trinqué à notre amitié naissante. Ensuite, nous avons attaqué le poulet. L'histoire du cimetière m'avait donné faim. Elle m'avait rappelé que j'étais bien vivant.

— Vous ne m'avez pas beaucoup parlé de vous, Antoine. Me permettez-vous de vous appeler Antoine ? Vous m'appellerez Rolando. Depuis quand organisez-vous des séminaires ?

— Depuis plus de dix-huit ans. J'ai eu la chance d'avoir trouvé ma voie assez jeune. J'adore mon métier. Pour moi aussi, c'est une passion.

Le vieil homme a repris la parole, cherchant ses mots.

— J'ai besoin de savoir certaines choses pour vous accompagner dans la réalisation de votre rêve. Pourquoi les gens participent-ils à vos séminaires ?

La question était pertinente.

— Ils se débattent avec des problèmes qu'ils ne peuvent résoudre seuls. Du moins, c'est ce que je crois. Souvent, ils se demandent eux-mêmes pourquoi ils se sont inscrits à l'un de mes stages. Ils arrivent avec une question précise, un besoin, et s'en retournent avec autre chose...

— Quels genres de problèmes ont-ils ?

— Ils se sentent victimes des circonstances, ils en veulent à leurs parents qui les ont rejetés, ou mal aimés, ils culpabilisent d'avoir été un mauvais père, ou une mauvaise mère. Ou bien ils supportent difficilement leur solitude. Parfois, ce sont des personnes vivant en couple, mais solitaires. Aucun des deux n'a la force de prendre le risque de quitter l'autre, ce qui engendre des frustrations, des colères, des non-dits qui leur empoisonnent l'existence.

— Ils se plaignent d'être en vie, en somme, dit Rolando. Pourquoi faites-vous cela, je veux dire, ce métier ? Cela doit être ingrat.

— C'était très dur, à mes débuts, car je pensais pouvoir vraiment aider les gens à s'en sortir. Et je croyais qu'ils allaient me remercier. Avec le temps, j'ai modifié mon point de vue. Les gens ne veulent pas vraiment changer. Ils veulent changer les autres. Ils m'en voulaient de leur ouvrir les yeux. De leur montrer qu'ils étaient seuls responsables de leurs difficultés. Qu'ils pouvaient être heureux, simplement en décidant d'abandonner leurs malheurs. Il leur fallait lâcher prise, se détacher de leurs souffrances. Mais la plupart des gens y tiennent, à leurs souffrances ! Certains en sont venus à me considérer comme leur ennemi. Ils venaient me voir et me disaient : j'ai entendu parler d'Oxygen – c'est le nom de mon séminaire – je veux y participer pour alléger ma vie, j'en ai assez de souffrir. En même temps, une autre partie d'eux-mêmes exprimait le contraire : surtout ne vous avisez pas d'y toucher, à mes souffrances. Curieux, non ? J'ai mis des années pour comprendre ce phénomène. Ils m'en voulaient aussi de les abandonner à eux-mêmes, à la fin du stage. Ils avaient payé, ils avaient donc le droit d'être accompagnés dans leur vie quotidienne par l'animateur, qui devait régler leurs ennuis ! J'ai fini par réaliser que j'étais en quelque sorte la cause de leurs réactions. J'entretenais leurs problèmes, en jouant à celui qui sait tout ; et forcément, ils entraient dans le jeu aussi.

— Et comment agissez-vous maintenant ?

— Je crée un contexte qui permet à chacun d'examiner sa vie. S'il n'aime pas ce qu'il y trouve, il doit pouvoir se dire : « Bon, comment cela est-il arrivé là ? Qui l'y a installé ? Ne serait-ce pas moi ? Que puis-je y mettre à la place ? » En fait, je rends les gens responsables d'eux-mêmes. S'ils me posent une question, je leur en pose une autre : « Qu'est-ce qui serait bien pour vous dans ce cas-là ? » ou « Que pourriez-vous faire pour être plus efficace ? »

Paradoxalement, à partir de là, les gens réagissent face à leurs difficultés. Je reçois des dizaines de lettres de remerciements après chaque séminaire. Étonnant ! On n'apprend rien à l'homme, il apprend par lui-même. Il change quand il est prêt à changer. Et si mon séminaire tombe au bon moment, celui qui s'interroge peut trouver, au travers des processus proposés, les réponses dont il a besoin pour évoluer. Sans plus.

Je me suis tu un moment, rêveur. Puis j'ai repris.

— Je vais vous confier quelque chose, Rolando. Je me demande souvent ce que les gens apprennent dans mes séminaires… et je ne peux répondre à cette question. Mais je sais ce que moi j'y apprends ! C'est fou ce que j'ai changé en quelques années ! Je ne suis plus le même homme.

Rolando a hoché la tête.

— Pour mieux apprendre, il faut enseigner. Où allez-vous chercher vos idées, Antoine ?

— Je participe moi-même régulièrement à des stages et des formations. Je me « recycle », en communication, en psychologie ou même en technique d'improvisation théâtrale. Mais, je parle, je parle, Rolando, et je vous empêche de manger.

Le vieil homme a eu un geste.

— Je n'ai pas très faim. Comme professeur de danse, je suis passé par les mêmes constatations. Les gens ne se débarrassent pas facilement de leurs acquis. Pour apprendre à danser, il faut laisser derrière soi tout ce qu'on a appris. Il faut commencer par *désapprendre*. Mais c'est difficile. On y tient, à ce qu'on est, même si ce n'est pas grand-chose.

Mon hôte s'est levé, a rempli nos verres. J'ai bu une gorgée de vin.

— Et vous, Antoine, avez-vous trouvé la paix intérieure en aidant les autres ? Quelqu'un a dit : « Nous ne pouvons pas tenir une torche pour éclairer le chemin d'un autre sans illuminer le nôtre. »

— C'est bien vrai. Je pense avoir fait du chemin. Ma vie affective est en train de changer, elle aussi. Ma femme et moi, nous avons installé la liberté amoureuse dans notre couple, de manière à dépasser la possessivité et la jalousie. Vivre et aimer sans contrainte, dans le respect l'un de l'autre. Ce n'est pas facile à réaliser, il y a de ce côté-là une telle empreinte sociale... mais je crois que nous allons y arriver. Il le faut !

Le vieil homme m'approuvait.

— Quelque chose m'échappe, Antoine. Vous m'avez dit que le sens de votre vie est d'aider les autres à trouver le sens de la leur. Mais vous m'avez dit aussi, l'autre soir, qu'écrire un livre donnerait un sens à votre vie... Parlez-moi plus longuement de votre rêve.

Nous y voilà ! J'attendais cela avec impatience, et aussi avec peur. J'avais espéré trouver dans la personnalité de Rolando la faille qui me permettrait d'abandonner cette idée stupide de collaboration. Au fil de la soirée, j'ai commencé à le trouver bien sympathique, à l'estimer et, en même temps, à me méfier, reconnaissant en lui un redoutable manipulateur. Fasciné par le meneur de jeu, ne suis-je pas en train de tomber dans un piège ?

Je n'ai jamais rencontré personne comme lui. Il voit tout, perçoit les moindres contradictions dans mes propos, épie le changement de ma voix, de mes gestes. Il est difficile de lui dissimuler quelque chose. Ce que je pense, il le devine. Je suis certain maintenant que, si quelqu'un peut m'aider, c'est bien lui. Peut-être vais-je enfin concrétiser mon rêve de devenir écrivain.

— Vous parler de mon rêve... ai-je dit en réfléchissant. Je ne sais par où commencer.

— Quand vous est venue l'idée d'écrire ?

— Je l'ai toujours eue. Elle me poursuit depuis l'enfance. Je vous ai dit que je participais moi-même régulièrement à des séminaires de recyclage. Eh bien ! chaque fois que l'on aborde un exercice sur les objectifs, c'est toujours cela qui revient : écrire un livre. Il y a des années maintenant que ça dure. J'ai travaillé avec la Programmation Neurolinguistique, avec la Gestalt, j'ai même été hypnotisé dans un séminaire de formation à l'hypnose ericksonienne. J'ai chanté mon objectif, je l'ai dessiné, j'ai fait de la visualisation positive en projetant mon rêve dans le futur comme si je l'avais réalisé. Je l'ai crié dans mes conférences, comme l'autre soir. Toujours en vain. Je n'arrive pas à démarrer. Un thérapeute m'a même fait visualiser l'obstacle qui m'empêchait d'écrire, nous lui avons donné vie en lui faisant prendre l'apparence d'une personne. Nous l'avons fait parler, je lui ai répondu en trouvant des parades, des solutions... Pourtant, mon livre demeure bloqué à l'état de projet. Alors, vous comprenez, quand vous m'avez proposé votre assistance, l'autre soir... Le temps et l'énergie que vous allez me consacrer vont-ils servir à quelque chose ? Pourquoi voulez-vous que j'écrive mon livre, Rolando, dites-moi ?

— Je ne veux pas que vous écriviez ce livre. Je ne souhaite pas non plus que vous ne l'écriviez pas. À vrai dire, cela m'est complètement égal.

— Mais alors ? Pourquoi ?

— J'ai participé à deux de vos conférences et je vous ai entendu appeler à l'aide. Eh bien, je suis là ! D'autres que vous m'ont sollicité : des écrivains, des compositeurs, des peintres, même des chanteurs ; je les ai tous entendus. La plupart sont devenus célèbres. Les autres ont découvert que le jeu n'en valait pas la chandelle ; ils se sont empressés de se débarrasser du projet et, par là même, de ses illusions. Car il y a un risque dans notre collaboration ; peut-être finirez-vous par découvrir que votre ambition n'est qu'une chimère.

— Comment savoir ?

— En prenant le risque d'aller jusqu'au bout de votre désir. Vous ne pouvez pas vous débarrasser d'un besoin aussi fort, simplement par la raison.

Il a souri.

— Je vais vous raconter une anecdote. Un jour, l'un de mes élèves vient me trouver. C'est un homme d'une quarantaine d'années ; il est marié, il a trois grands enfants. Il me dit qu'il éprouve le désir de séduire les femmes qui croiseront sa route. Toutes les femmes. Cela l'obsède, cela le hante. Il me demande conseil. Comment se débarrasser de ce désir ? Une thérapie ? De la visualisation ? De la sophrologie ? « Essayez donc, ai-je dit. Allez jusqu'au bout de votre obsession, vraiment jusqu'au bout. Ne faites pas semblant. Faites l'expérience, complètement. Jouissez-en pleinement. Une fois, deux fois, autant qu'il le faudra. » Il m'a regardé, affolé.

— Je veux me débarrasser de cette idée, et vous, vous me poussez à la réaliser !

— Vous avez envie d'y goûter ? Et bien goûtez-y. Si vous y trouvez votre compte, poursuivez dans cette voie, c'est que c'est votre chemin à vous. Vous y trouverez la sérénité. Si vous n'en retirez rien, vous reviendrez à votre vie actuelle, débarrassé pour toujours de cette obsession. Dans les deux cas, vous serez délivré. Voyez-vous, Antoine, quand on a un désir aussi tenace que le vôtre, qui vous court après des années durant, il faut aller y voir de plus près, tenter l'expérience. C'est la seule façon de vous assurer de sa valeur. Pour le poursuivre ou vous en débarrasser. Dans ce dernier cas, le plus étonnant est que vous n'aurez même pas à vous en débarrasser, le désir tombera de lui-même. Aucun effort à faire. Vous voulez écrire un livre ? Bon, très bien, écrivez-le, et puis c'est tout. Si c'est votre route, vous le saurez bien assez tôt. Sinon, épuisé, le désir tombera de lui-même comme un fruit mûr.

J'ai réfléchi un instant à ce qu'il venait de dire, puis je me suis mis à rire. Il m'a regardé, avec une question dans le regard.

— Je ris, car je trouve cela dangereux. Selon votre raisonnement, si l'on est hanté par le désir d'abattre quelqu'un, il faudrait mettre cette idée à exécution afin de s'en débarrasser ?

— Pour toute chose, il y a un prix à payer. Quel est le prix exigé si vous passez à l'action ? Tout est là.

Il s'est tu un moment, a regardé son assiette, puis a levé la tête et repris :

— Revenons à votre livre. Pourquoi n'avez-vous jamais pris la décision de l'écrire ?

— Cent fois je l'ai prise !

— Antoine, il y a une différence entre *avoir le souhait d'écrire* et *prendre la décision d'écrire*. La plupart des gens ont le souhait de changer de vie, de métier, d'arrêter de fumer, de manger plus sainement. Un souhait, c'est comme un vœu, cela reste au niveau de l'imaginaire. Pour aboutir, il faut prendre une décision. Décider vraiment. Rigoureusement. Et passer immédiatement à l'action. La règle de toute décision, c'est l'*action*.

— C'est curieux, ai-je dit, vous parlez comme un animateur de séminaire. C'est exactement ce que j'enseigne. Ce sont mes mots. J'ai l'impression de me trouver face à moi-même.

— Et que vous diriez-vous, si vous étiez effectivement face à un autre Antoine obsédé par le rêve d'écrire ?

Je lui lance un regard amusé. Il a retourné la situation. C'est à moi de trouver la solution. Là encore, je reconnais l'une de mes techniques.

— Rolando, quelqu'un vous a-t-il parlé de mes stages, avant notre rencontre ? Vous agissez avec moi exactement comme je le ferais, ça ne peut être une coïncidence.

— C'est du bon sens, Antoine. Tous les vieux bonshommes en ont. Je suis professeur de danse, ne l'oubliez pas. Je connais toutes les ficelles du métier. Rien que du bon sens...

Il s'est levé, et je l'ai suivi au salon. Debout devant moi, il m'a regardé, gravement.

— Dans quelques instants, vous allez prendre une décision capitale. Cette décision devra être suivie d'une action. Si vous n'agissez pas, c'est que vous êtes dans le domaine du souhait. Dans ce cas, notre pacte de collaboration sera rompu. Suis-je clair ?

Il parlait doucement, mais son intonation trahissait une conviction inébranlable. J'ai compris à cet instant qu'il était l'homme que je cherchais.

La force de son enthousiasme est communicative. Déjà, j'éprouve l'envie irrésistible de saisir une feuille de papier et d'amorcer, là, tout de suite, la rédaction de mon livre. Je me sens tout excité, je ne tiens plus en place.

Il continue :

— Comment pouvez-vous affirmer à vos stagiaires que tout projet, si on le veut vraiment, finit par se réaliser, alors que vous n'arrivez pas à concrétiser le vôtre ? Cette contradiction ne vous trouble-t-elle pas ?

— Si, dis-je, elle me trouble. J'ai de plus en plus de mal à demander aux autres ce que je suis incapable de réaliser moi-même. Je me suis bien rendu compte que le vouloir ne suffit pas. Et pourtant, je n'écris pas ! Je dois fuir quelque chose, je suppose. La peur de ne pas être à la hauteur, ou de réussir, j'ai entendu dire que...

Le vieil homme lève la main et me coupe la parole.

— Antoine, excusez-moi de vous interrompre, mais tout cela, c'est du charabia. Le cerveau est très adroit pour justifier un échec. Je suis bien placé pour le savoir, j'ai enseigné avant vous. Le charabia, ça me connaît. Grâce à mon travail, au cimetière, j'ai compris que l'action, et l'action seule, est la clé de la vie. Le reste, c'est des mots. L'homme n'est pas le reflet de ses pensées. Celui qui a écrit cela s'est trompé. L'homme est le reflet de ses actions. « Dis-moi ce que tu fais, je te dirai qui tu es. » Regardez autour de vous, des millions de gens parlent d'aimer leurs enfants, leur conjoint, leurs semblables. Combien se donnent la peine de le faire réellement ? Il est plus facile d'en parler. Les femmes sont très psychologues à ce sujet : quand un homme leur parle d'amour, elles l'évaluent sur ses attentions, ses prévenances, et non sur ses paroles. Les actes, eux, et eux seuls, dévoilent l'homme.

Il fronce les sourcils, continue.

— Antoine, comment inciteriez-vous l'un de vos stagiaires à prendre une décision ?

— Je lui prendrais les mains, je lui demanderais de formuler sa décision avec fermeté, et puis d'exécuter une action sur-le-champ.

Alors Rolando prend mes mains dans les siennes.

— Antoine, êtes-vous prêt à vous engager, maintenant ?

— Oui. Je prends résolument la décision d'écrire un livre, et d'aller jusqu'au bout de cette décision, quel que soit le prix à payer !

Il plonge son regard dans le mien.

— Pour renforcer votre affirmation, il vous faut accomplir une action.

Je réfléchis intensément comme si ma vie était en jeu.

— Je vais me rendre immédiatement chez Georges, mon ami d'enfance, et lui annoncer ma résolution, dis-je avec détermination. Et demain matin, j'entame la rédaction du premier chapitre !

Je consulte ma montre. Il est 23 h 10.

Georges demeure à Liège, à une centaine de kilomètres de Bruxelles. Il est bien tard. En d'autres occasions, je reporterais ma visite au lendemain. Mais je viens de décider d'aller jusqu'au bout. Je vais aller jusqu'à Liège, là, tout de suite !

Quand j'ai quitté le vieil homme, j'avais de l'énergie à revendre. J'ai même oublié de le remercier pour son dîner. J'ai sauté dans ma voiture et filé en trombe jusqu'à Liège. Il était minuit et demi lorsque j'ai sonné à la porte de mon ami. Il était chez lui. Il était en pyjama. Sans même lui laisser le temps de s'étonner, je lui ai lancé :

— Georges, je ne vais pas entrer chez toi, il est tard. Je suis seulement venu t'annoncer mon projet d'écrire un roman. Je commence demain. Je voulais que tu sois le premier à le savoir. Voilà, je regrette de t'avoir réveillé, mais c'était important pour moi. Je t'appellerai. Bonne nuit !

Je suis reparti aussi vite que j'étais arrivé, sans me soucier de son air ahuri.

En pensant à lui, un fou rire m'a pris dans la voiture, pendant le trajet du retour.

Dans mon lit, cette nuit-là, j'en riais encore.

IV

Le lendemain matin, au réveil, je me demandais si je n'avais pas rêvé. Est-ce bien moi qui, sous l'emprise de Rolando, ai foncé en pleine nuit jusqu'à Liège et réveillé mon ami Georges ? Pour lui confier que j'allais écrire un livre ! J'ai peine à le croire. Ce genre de comportement incontrôlé ne me ressemble guère. Sous des dehors aimables, et même si c'est pour mon bien qu'il m'a poussé à l'action, Rolando n'est-il pas un homme dangereux ?

Georges m'a appelé dans la matinée pour prendre de mes nouvelles. Lui aussi se demandait s'il n'avait pas rêvé. Je lui ai confirmé que c'était bien moi, l'hurluberlu entrevu hier soir devant sa porte. Je lui ai expliqué que cette fois était la bonne : j'écrivais mon livre ! Et que toute la mise en scène de la veille était destinée à m'empêcher de revenir sur ma décision. Il m'a répondu qu'il comprenait, que lui aussi avait des projets qu'il n'arrivait pas à concrétiser. Qu'il fallait que l'on se voie pour en parler. Je lui ai promis de l'appeler dès que j'aurais un moment de libre, et j'ai raccroché. Je ne lui ai pas parlé de Rolando.

J'ai passé l'après-midi chez moi, dans la petite chambre d'enfant aménagée en bureau.

Installé devant l'ordinateur, j'attends l'inspiration. Écrire une histoire, mais laquelle ? La mienne ? Tous les novices commencent par leur biographie, comme si leur vie valait la peine d'être publiée ! Non, je ne vais pas commettre cette erreur de débutant ! Si je commençais par une nouvelle, question de me mettre en route ? Ou par un conte ? Je pourrais y faire passer mes idées. Ce conte devrait se situer dans le monde réel et pratique, son héros serait confronté à de vrais problèmes. Mais un conte, de par sa nature, ne doit-il pas au contraire se dérouler hors du quotidien, dans un monde imaginaire ? En tout cas, moi, en tant que lecteur, je préfère m'identifier au héros d'une histoire plausible, me posant les questions que se posent les personnages, cherchant des réponses concrètes. Toute histoire n'est-elle pas un conte ?

Bien sûr, l'histoire d'un autre est une métaphore, une fable. Mais alors, quelle histoire ? Je n'avance pas...

Je suis resté planté devant l'écran de mon ordinateur, à laisser mon imagination vagabonder, sans écrire un seul mot. Je n'avais pas d'idée. Donc pas d'histoire. Et pas de livre. Pourtant, j'ai tant de choses à partager, à raconter. Par exemple des anecdotes tirées de mon séminaire, véritable scène de théâtre où se joue tout le répertoire du comportement humain. Les stagiaires, tels des acteurs, y interprètent leur propre vie, y révèlent leurs forces et leurs faiblesses. Sans artifices. Sans maquillage. Mais comment rédiger cela ? Ce serait intéressant, certes, mais peut-être illisible. Non, je n'allais pas écrire le récit d'un séminaire...

Je rêve un peu, et l'image sensuelle de Jacqueline, la jeune danseuse, s'impose à moi, m'empêchant de me concentrer. Je tente de la chasser de mes pensées, mais elle revient, s'installe subtilement en moi. Elle me trouble. Je sens encore la chaleur de sa jambe contre la mienne. Décidément, je suis trop énervé pour écrire. Il faut que je revoie le vieil homme.

Je me suis rendu chez lui le soir, à la même heure que la veille. J'allais frapper à sa porte quand j'ai entendu de la musique.

— Elle est là ! ai-je pensé. Jacqueline est en train de danser !

Au lieu de frapper chez Rolando, je me suis dirigé vers le studio. Il ne faut pas que je lui montre que je viens pour elle, me suis-je dit. Je lui dirai que je cherche son professeur... et que j'ai une chose importante à lui dire...

Je fais glisser doucement la porte métallique et... découvre Rolando. Il est seul et danse, pieds nus.

Je suis surpris et déçu à la fois de le voir. Dès qu'il m'a aperçu, il a cessé de danser et a crié mon nom.

— Antoine !

Il avait l'air heureux de me voir.

— Je ne pensais pas vous revoir aujourd'hui, dit-il. C'est bien, que vous soyez là. J'ai des choses à vous confier au sujet de Jacqueline, vous lui avez fait une de ces impressions... Je vous laisse seul un instant, le temps de passer un vêtement, des chaussures, et je vous rejoins. Ce soir, nous allons en promenade.

Il est revenu quelques minutes plus tard, habillé de sa longue gabardine grise, son bonnet de couleur sur la tête. Il m'a pris par le bras, m'a fait sortir, a refermé la porte du studio, et m'a entraîné dans la rue.

— Nous allons au cimetière, dit-il. Sur mon lieu de travail. Je voudrais vous parler de moi, de mon passé. Il y a des choses que j'aurais dû vous révéler hier, mais je n'ai pas osé. Je me suis dit que j'allais vous ennuyer avec tout ça. Mais, après ce que m'a dit Jacqueline cet après-midi, une visite sur la tombe de ma femme s'impose. Vous m'avez parlé de votre désir de liberté, dans votre couple. Il se fait que j'ai connu quelque chose de similaire. La même situation. Il y a des hasards bizarres... Votre rencontre avec mon élève ressemble étrangement à ce que j'ai vécu autrefois en Argentine. C'est troublant, Antoine. Troublant.

Il me tenait toujours le bras, et parlait en marchant.

— Figurez-vous, dit-il, que Jacqueline est amoureuse de vous.

Je l'ai regardé, ahuri.

— Si, si, dit-il, je ne plaisante pas. Elle s'est montrée très agressive en parlant de vous. Elle vous trouve hautain. Un professeur qui parle de ce qu'il ne connaît pas ! Un ignorant, sans conversation ! Sans cœur aussi. Et lâche, par-dessus tout ! Vous auriez refusé son invitation à danser, par peur du ridicule. Moi, au début, en l'entendant parler de la sorte, je me suis demandé ce qui s'était passé lors de votre entrevue, car je ne l'ai jamais vue dans cet état. J'ai vite compris, Antoine. Je connais cela, vous pensez, à mon âge, je reconnais tout de suite cette chose-là !

Il s'est immobilisé au milieu du trottoir.

— Jacqueline s'était résignée. Pour elle, la vie n'avait plus de sens. Vous ne l'avez pas fait exprès, mais à votre contact, elle y a repris goût. Maintenant, elle veut vivre ! Vous lui avez donné l'appétit d'aimer. Dites-moi, le soir où vous lui avez parlé, avez-vous, à un moment ou un autre, voulu vous rapprocher d'elle, peut-être même la caresser ? L'avez-vous imaginée dans vos bras ?

— Écoutez, Rolando, Jacqueline a un corps jeune, souple, ferme, superbe ! Et des yeux... Quand je suis entré, elle a commencé à danser. C'était une danse... comment dire... féline... sensuelle... très féminine. En moi, elle a touché l'homme. N'importe qui aurait été troublé.

— C'est ce que je pensais ! dit Rolando. En répondant à sa féminité, vous l'avez révélée. Sa sexualité endormie s'est réveillée tout à coup. Elle s'est sentie femme à nouveau. Pas seulement vis-à-vis de vous, mais de tous les hommes. Quel choc ! Cela a donné de la valeur à sa vie. À la vie qui la quitte... Exister, c'est devenu sa raison de vivre. Elle vient de dresser une liste de choses à faire. Elle l'a appelée « Ma liste de vie ». Il y a une foule d'objectifs sur cette feuille de papier. Elle veut tous les réaliser, avant de mourir. Or, ses jours sont comptés... C'est ce qui a provoqué cette violence envers vous. Elle est très malheureuse. Elle n'a pas voulu danser aujourd'hui.

— Où est-elle Rolando ? Où vit-elle ?

— Elle est hospitalisée. À Erasme. Elle ne sort que pour danser. Ses parents me l'amènent deux fois par semaine.

— Vous croyez que je puis lui rendre visite à l'hôpital ?

— Bien sûr, dit Rolando. Nous irons ensemble, quand les médecins l'autoriseront à nouveau. Toutes ces émotions l'ont surexcitée, et ils disent qu'elle fait une dépression. J'ai tout le corps médical sur le dos : psychologue, médecins, infirmières, et même ses parents. On me reproche de lui avoir donné de faux espoirs. Elle avait accepté sa mort et voilà qu'elle veut vivre, à présent ! Quel scandale !

Rolando s'exprime maintenant avec exubérance, appuyant ses paroles de grands gestes excentriques. Ce vieil homme, avec son bonnet sur la tête, a quelque chose d'inquiétant, et les passants s'écartent de quelques pas en nous croisant. À un moment, Rolando s'arrête de parler et pointe son index vers le ciel.

— L'envie d'être est le plus puissant des stimulants. La vie, Antoine ! On saisit tout son éclat quand elle nous quitte.

Il hausse les épaules.

— Venez, dit-il.

Nous pénétrons dans le cimetière par une petite porte cadenassée dont Rolando a la clef. Les lieux sont déserts. Le soir tombe, le soleil caresse de ses derniers rayons les sépultures, et donne à ce tableau funèbre une atmosphère surréaliste.

— Il est important que je vous parle de mon passé, dit Rolando, en se dirigeant avec assurance à travers un labyrinthe de sentiers, d'arbres, de tombes et de monuments funéraires de toutes sortes.

— C'est curieux, ce qui vous est arrivé avec Jacqueline. J'ai vécu une histoire similaire à Buenos Aires, avec l'une de mes élèves, qui souffrait d'une tumeur au cerveau. Un hasard ? Je ne crois pas au hasard.

Il s'arrête devant une sépulture toute simple, sans épitaphe, avec seulement un nom et deux dates :

Patricia Alberoni
1922-1984

Je suis mal à l'aise. Cette visite du soir dans un cimetière a quelque chose de baroque. Pourquoi Rolando m'emmène-t-il ici pour me parler de sa femme ? Ne pouvait-il le faire chez lui ?

— La seule femme que j'aie jamais aimée repose ici, dit-il. J'ai assisté à son départ, il y a douze ans. Elle avait 62 ans. Elle était adorable, céleste, divine. Le temps n'avait pas eu de prise sur elle, elle n'avait pas vieilli. Ou était-ce mon regard qui n'avait pas changé ? J'étais amoureux d'elle, comme je le suis encore aujourd'hui.

Il y a des êtres que l'on rencontre et qui vous donnent la vie. Ces êtres-là, Antoine, nous accompagnent jusqu'au bout du chemin.

Il y avait peu de monde à ses funérailles : son mari, nos deux enfants, quelques amis. Et moi. Il pleuvait finement, un peu comme aujourd'hui. Les choses se sont faites très vite. Quelques larmes. En silence. Tout était parfaitement organisé, minuté. Un temps de recueillement, un passage devant le cercueil, l'on vous tend une rose que vous jetez dans la fosse. Et le tour est joué. Toute une vie, rapidement mise en boîte. Une vie remplie de peines et de joies, de jalousie et de confiance, de crainte et de désir, de haine et d'amour.

J'ai enterré bien des gens, depuis. Cela se passe toujours de la même façon. Peu d'oraisons funèbres ; on n'a plus rien à dire, et il n'y a personne pour écouter.

Quand son mari, ses enfants et ses amis ont quitté le cimetière, les fossoyeurs se sont mis à l'œuvre. La terre mouillée par la pluie était lourde. J'ai attendu qu'ils aient fini. J'avais quelque chose d'important à lui dire. Elle ne pouvait plus m'entendre, mais c'était à moi que je voulais parler. Les ouvriers ont refermé le trou et tassé la terre, puis ils ont jeté un coup d'œil satisfait dans ma direction. J'ai fait un petit signe d'approbation et ils sont partis déjeuner.

Je suis resté seul.

J'ai fermé les yeux. Je lui ai dit… *combien elle avait compté pour moi ; qu'elle était la seule femme que j'avais aimée, et que je l'aimais encore ; que mon arrangement de liberté dans l'amour avait été une erreur. Je lui ai dit que je regrettais. Que j'avais été fou. Que l'amour se vivait à deux. Que je ne la quitterais jamais. Que je la gardais tout contre moi. Pour l'éternité.*

Rolando se tait. Puis, ébahi, je vois le corps du vieil homme se plier légèrement vers l'arrière. Il tend ses mains vers le ciel et les ouvre. Il se met à danser. Une danse singulière, articulée par la sensation... Son corps raconte son histoire intime. Il prend le monde et l'intègre à l'intérieur de lui, et de cet endroit connu de lui seul, il répand son âme à l'extérieur. Puis, dressé, arqué vers le ciel, la tête en arrière, il donne son corps en offrande à l'univers. Ses mouvements, habités par la passion, libèrent une chorégraphie d'une singulière beauté. L'imperceptible devient dialogue.

Le soir tombait. Il pleuvait légèrement. Les gouttes de pluie frappaient mon visage. J'ai entendu alors, distinctement, une musique. J'ai reconnu l'*Aria* de Bach. Et j'ai compris qu'au travers de son corps, Rolando s'adressait maintenant à moi...

En dansant, il me dit bien des choses...

... Comment il l'a rencontrée à son cours de danse, comment ils se sont aimés immédiatement, comment ils ont tous deux divorcé pour vivre ensemble, les difficultés d'adaptation du début... leur culpabilité d'avoir quitté leur famille... Je l'entendais parler au travers de son ventre, de ses mains, de ses jambes, de son cou...

« *C'était un amour fusionnel, je croyais m'y perdre, car à ce moment-là, oui, je pensais qu'aimer c'était perdre sa liberté. Je donnais des cours de danse. Elle était jalouse. Mes élèves, des femmes pour la plupart, étaient attirées par leur professeur, c'était facile de me laisser aller. Au début, je résistais. Un couple se construit dans la fidélité, n'est-ce pas ? Mais, sournoisement, la frustration s'est installée en moi. Toutes ces femmes qui s'offraient... J'ai fini par succomber, par la tromper. Une fois, deux fois... C'est devenu une habitude. Elle m'aimait, elle devinait donc mon infidélité. Ne l'avais-je pas séduite de* la même façon ? Elle aussi avait été attirée par son professeur, elle savait à quoi s'en tenir. Elle n'en dormait plus. Notre vie devenait un enfer. Pour éviter les histoires, je suis redevenu un homme fidèle, pour un temps. À peine quelques sourires, par-ci par-là, rien de plus. Ainsi frustré, j'ai commencé alors à projeter mon insatisfaction sur ma femme, cause de tous mes malheurs.

Un jour, une nouvelle élève s'est présentée, atteinte d'une tumeur au cerveau. Elle s'appelait Catherine. Elle savait qu'elle allait mourir. Ce n'était qu'une question de mois. La danse était, pour elle, le moyen d'exorciser l'angoisse.

C'était une femme de 30 ans. Elle cachait les quelques cheveux qui lui restaient sous un foulard. Elle n'était pas vraiment ce qu'on pourrait appeler une jolie femme, mais les hommes se retournaient sur son passage. Curieusement, depuis sa maladie, les soupirants la harcelaient. Comme une fleur exhale son parfum, son corps, dans un dernier sursaut, révélait toute sa sensualité animale. Je me souviens de ses seins, si beaux, de ses longues jambes. Sa respiration même était comme un appel à l'amour. J'ai été son dernier amant. Je l'ai accompagnée jusqu'à son dernier souffle. Quand je lui rendais visite à l'hôpital, à ses derniers moments, elle ne me reconnaissait plus, elle ne reconnaissait personne. Ses yeux ne me voyaient plus. Elle fixait un point au-delà du visible. Elle avait rejeté son foulard, exposant son crâne nu. Une partie d'elle était déjà là-bas. J'aurais voulu lui parler avant qu'elle me quitte, lui dire encore des mots, mais je me suis rendu compte, stupéfait, que cela m'était impossible. Comme si mes cordes vocales s'étaient bloquées. La vision du néant les avait paralysées. J'ai compris que devant la mort, rien n'a d'importance. Tout devient léger.

Je pense que Catherine, des profondeurs où elle s'était réfugiée, avait dû capter ma frayeur, car juste avant de s'éloigner tout à fait, elle a repris contact quelques instants avec moi. J'avais sa main dans la mienne et j'ai senti ses doigts serrer les miens, fortement, comme pour me dire : vis !

C'est tout ce qu'elle a pu exprimer, mais elle m'avait transmis l'essentiel. Vis !

Je suis rentré chez moi, bouleversé.

Vis.

J'ai parlé à ma femme. Je lui ai dit que je voulais vivre libre, et aimer qui je voulais. Pendant toute ma vie ! Que c'était à prendre ou à laisser. Que j'étais prêt à la quitter. La vie de couple, avec la peur de perdre l'autre, avec les mesquineries, les frustrations, les "où étais-tu, d'où viens-tu ?", je n'en voulais plus. Dorénavant, je voulais voir qui je voulais et aller où bon me semblait, et vivre le reste de ma vie sans contraintes. Avec elle, si elle acceptait ma façon de vivre. Seul, s'il le fallait.

J'étais prêt à tout. "La peur de perdre nous fait perdre." Je n'avais plus peur de rien.

D'abord elle a été surprise par tant de détermination. Elle a essayé alors, timidement, de me rendre la pareille.

— Moi aussi, dans ce cas, je suis libre d'aimer qui je veux, et d'aller où je veux ? demanda-t-elle.

J'ai réalisé soudain que ma liberté passait par la liberté de l'autre. C'était difficile, pour moi, un homme, d'accepter cela, mais il n'y avait pas d'alternative. Jusqu'à ce moment, j'avais agi comme beaucoup de mes semblables, je trompais ma femme en cachette, de peur qu'elle me rende la pareille. Brusquement, j'ai compris que je devais lâcher prise, pour cela aussi. Je lui ai donc rendu sa liberté. Comme si je la lui avais prise auparavant !

Elle disposait donc des mêmes droits que moi.

Quand elle est passée à l'action, je suis devenu nerveux. Les soirs où elle sortait, je la regardais s'habiller, se maquiller, préparer son corps pour les caresses d'un autre. Je découvrais quelque chose de nouveau pour moi, la douleur de la jalousie. Une douleur atroce, insoutenable, qui me transperçait le cœur, le ventre, la tête. À tout moment, le jour comme la nuit, je me demandais où elle était, avec qui, et ce qu'elle faisait... J'avais envie d'arrêter la machine, de faire marche arrière. De conserver pour notre couple la vie que nous avions menée jusque-là, celle d'un ménage traditionnel.

Mais revenir en arrière, c'était pour moi comme retourner en prison. J'ai lu quelque part que ceux qui ont vécu de longues années en prison, une fois libérés, se sentent perdus, égarés. Derrière les barreaux, ils menaient une vie familière, faite d'habitudes, de règles simples. Une fois libérés, ils s'arrangent, d'une façon ou d'une autre, pour se retrouver en prison, avec leurs anciens "camarades". La liberté fait peur, car elle oblige à se créer de nouveaux repères. Il me fallait affronter cette nouvelle liberté. Je savais que ce serait difficile, et qu'il fallait tenir bon, traverser le brouillard avec confiance.

Je savais tout cela, avec ma raison. Mais mon corps, lui, n'avait rien à faire du "raisonnable". Une chose étrange s'est produite. Mon corps a dit "oui" à ma liberté et "non" à celle de ma femme. Il a exprimé ce refus, en perdant tout désir pour elle. Quand je la touchais, je n'éprouvais plus rien. Je ne comprenais pas. Je lui en voulais. Peut-être avais-je espéré que, dans un élan d'amour, elle refuse cette liberté que je lui avais accordée, qu'elle me dise :

— Agis à ta guise ! Pour toi, je suis prête à accepter n'importe quoi.

Mais non ! Elle a accepté ce cadeau empoisonné. Au début, elle y a pris du plaisir. Une nouvelle sensualité s'est éveillée en elle. Les tabous avaient sauté, avec ma bénédiction. Nous nous racontions nos aventures à demi-mots. Pas tout, par respect de l'autre, mais avec des sous-entendus.

J'en ai bavé quelques mois, souffrant d'une terrible jalousie, ne comptant plus les nuits blanches.

Et puis, un beau jour, une nouvelle compréhension des choses est née en moi. Je suis arrivé à vivre au-dessus de tout cela. La douleur m'a quitté, graduellement. Je suis devenu un autre homme. Mon corps et ma tête s'étaient mis d'accord. J'avais gagné la partie : je pouvais aimer avec détachement.

Sans jalousie, sans mesquinerie, sans contrôle sur la vie de l'autre. Curieusement, alors qu'auparavant je recherchais avidement les aventures sans lendemain, mes relations sont devenues plus enrichissantes car plus sélectives, j'ai noué avec les femmes des liens amicaux, pleins d'intelligence, de tendresse et d'échange au niveau du cœur. J'ai découvert que je pouvais aimer différemment, et aussi sans limite. Je pouvais accompagner une femme au restaurant ou au cinéma, ou même en voyage, sans rien attendre de plus. Je me surprenais même – chose incroyable – à dormir avec une amie, sans échange sexuel. Ma femme faisait de même, disait-elle, de son côté. Bien sûr, nous partagions encore des moments de tendresse, elle et moi. Et les images d'autres partenaires ne venaient plus s'installer entre nous. Notre vie s'équilibrait. L'amour se reconstruisait, plus solide que jamais.

C'est ce que je croyais.

Mais ma femme, après avoir fait le tour de sa liberté, est tombée amoureuse d'un homme qui lui a imposé des limites. L'amour à deux, un point c'est tout. Elle a estimé cela légitime. L'amour ne se vit-il pas dans la fidélité, ainsi qu'on nous le chante dans les romans ? Avec moi, elle avait accepté un arrangement des plus pervers. C'est ce que prétendaient ses amies. Elle s'est sentie sale tout à coup, et j'en étais le responsable. Elle préférait aimer un homme, un vrai, dont les principes sont fondés sur la fidélité, sur l'amour loyal. Quant à moi, j'étais la cause de son avilissement. Je ne devais pas la respecter, puisque j'acceptais de la partager. "Quand on aime, on ne partage pas", tout le monde le sait.

Un jour, elle m'a quitté, et s'est remariée. Après quelques années, elle a surpris son mari avec sa meilleure amie. Disputes. Réconciliations. Il a promis tout ce qu'elle voulait et il a remis ça un peu plus tard avec d'autres femmes.

Elle a donc recommencé à souffrir, mais cette fois dans la normalité. Elle avait mal, certes… mais tout le monde souffre en amour, c'est bien connu. De son côté, elle est restée fidèle. Plus question de revivre la même histoire. D'abord parce qu'elle avait peur qu'il la quitte. Elle l'aimait trop. Et puis, la liberté, elle n'en voulait plus.

"La liberté, c'est un truc d'hommes."

C'était trop pour son cœur. Un cœur fragile, trop souvent mis à l'épreuve. Elle s'est éteinte dans la légalité, en aimant un homme qui exigeait la fidélité et qui la trompait ouvertement.

C'est pourtant elle qui avait raison, au bout du compte. C'est dans la continuité à deux que se trouvent les révélations de l'amour. Je l'ai compris trop tard, quand la présence douloureuse de son absence s'est imposée journellement à moi.

Je l'aurai aimée toute sa vie. Et toute la mienne, jusqu'à la fin. Elle fait partie de ces êtres qui nous accompagnent jusqu'au bout du chemin. »

Voilà ce que révélait le corps du vieil homme qui dansait sa vie. Sous la pluie. Dans un cimetière.

V

Je pense à Rolando, sans cesse. Impossible de le chasser de mon esprit. Il me hante. Qui est-il vraiment ? Pourquoi a-t-il croisé ma route ? Que venait-il faire à ma conférence ? Était-ce un hasard ? En douceur, presque sans y toucher, il m'a regonflé le moral : je vais enfin écrire mon livre ! Les idées se bousculent dans ma tête. J'entends les personnages dialoguer dans mon imagination comme s'ils existaient. J'ai en tête un superbe scénario : l'histoire d'un journaliste qui participe, malgré lui, à un séminaire de développement personnel où il prend conscience que sa vie, jusque-là, n'avait pas de sens. Il part à la recherche d'une raison de vivre. Au travers de rencontres et d'expériences diverses, son existence prend une tournure totalement nouvelle… Et après une épreuve pénible qu'il surmonte, il trouve sa raison de vivre… *là où justement il ne pensait pas la trouver !*

Quelle sera l'épreuve à affronter, quelle sera sa raison de vivre ? Je l'ignore encore. Je compte sur l'avancement de mon travail pour répondre à cette question et trouver une fin intéressante qui va plaire au public.

L'idée m'excite. Ce sera un succès, je le sens, car mon histoire touche aux questions fondamentales de la vie, de l'amour et de la mort. Je m'arrangerai, comme dans les stages, pour ne pas *offrir* les réponses, ce sera aux lecteurs de les découvrir. Oui, c'est ainsi que je vois mon livre !

Je me suis mis au travail avec ardeur. Tous les matins, retiré dans mon bureau, les yeux rivés sur l'écran, j'alignais les paragraphes qui allaient me consacrer écrivain.

Mais, comme par le passé, après quelques pages, je me suis essoufflé. Plus rien d'intéressant ne venait. Je restais là, hébété, à court d'inspiration. Je n'y arriverai jamais ! ai-je pensé. Ce que Rolando m'a insidieusement poussé à faire, l'autre soir, ressemble aux processus de tous les séminaires, y compris du mien : les participants quittent le stage, sûrs d'eux, décidés, avec une vision claire du voyage à parcourir. Et puis, paniqués par le brouillard ou la nuit tombante, ils s'égarent en chemin et reviennent affolés sur leurs pas. Retour à la case départ. Pire même, certains prétendent se sentir plus mal qu'auparavant ! Je comprends leur déception. Ils m'en veulent et ils ont raison ! J'en arrive à me demander sérieusement si je ne vais pas tout abandonner : les recyclages, le séminaire Oxygen, et l'idée ridicule d'écrire un livre... Et jamais plus je ne reverrai mon danseur à la barbiche aristocratique ! Finies, ces rencontres stériles. Ce vieux bonhomme, en s'occupant de moi, tue le temps, il n'a plus rien d'autre à faire, alors... Il se fait plaisir ! Et moi, je joue son jeu. Comme sa jeune élève. Je ne le reverrai plus ! C'est décidé !

Je l'imagine en train de danser sur sa chaise... puis dans le cimetière. À son âge ! Quand même ! Je me sur-

prends à sourire. Il n'a peur de rien... Il danse sa vie...
Qui sait, peut-être a-t-il une botte secrète pour m'aider
à l'écrire, ce fichu bouquin ? Il est attachant, c'est vrai.
Enfin, si je le revois, ce sera comme un ami, sans plus. Je
n'attendrai plus rien de lui. Oui, comme un ami.

Deux semaines ont passé. Rolando reste tellement
présent en moi. Quelque chose me pousse vers lui. Un jour,
vers midi, j'ai décidé d'aller déjeuner dans son quartier.
Juste déjeuner, car pour le revoir... j'hésitais encore...
Le quartier du cimetière d'Ixelles est animé, pendant la journée, par de nombreux magasins, boutiques,
cafés, snacks. Le soir, des restaurants cosmopolites riva-
lisent d'exotisme. L'université est à deux pas. Les lieux
sont fréquentés tant par les étudiants que par les hommes d'affaires. C'est une gageure de trouver une place de
stationnement à l'heure du déjeuner.
Je roule au pas, cherchant désespérément un empla-
cement de parking quand j'entends frapper à la portière
de la voiture.
— Antoine ! Là.
C'est Rolando ! Il me montre un espace entre deux
poteaux. Je range ma voiture, coupe le moteur. Il est là,
coiffé de son horrible bonnet de laine, dans sa longue
gabardine, souriant, visiblement heureux de me voir.
Il fait un geste auquel je ne m'attendais pas, il me
prend dans ses bras.
— Je suis ravi de vous revoir, Antoine.
Il me dévisage un moment en silence. Puis son sou-
rire s'éteint.
— J'ai une mauvaise nouvelle, dit-il. Jacqueline
nous a quittés la semaine dernière.
— Jacqueline ? Vous voulez dire que... sa maladie...
C'est fini ?
— Oui.

Il sort une enveloppe de la poche intérieure de sa gabardine et me la tend.

— Elle m'a remis ceci pour vous.

Je prends l'enveloppe et l'ouvre. Il y a plusieurs feuillets, pliés en deux. Je parcours la première feuille :

Cher Monsieur le Conférencier,

La maladie de Jacqueline a évolué plus vite que prévu. Quand vous lirez cette lettre, elle ne sera donc plus.

Elle avait espéré vous revoir une dernière fois à l'hôpital, mais son professeur de danse lui a dit que vous étiez très occupé par vos séminaires et conférences.

Elle voulait vous exprimer sa joie de vous avoir rencontré. Elle a senti beaucoup de douceur en vous.

Elle voulait aussi vous avertir que vous êtes un homme compliqué, vous vous posez tant de questions ! Elle vous a bien examiné, vous savez. Même en dansant, elle vous épiait du coin de l'œil. C'est pour vous qu'elle a dansé. À ce moment-là, elle ignorait que c'était son dernier ballet, mais son corps le savait, lui. Il s'est exalté pour l'emmener dans un espace qu'elle ne connaissait pas, celui de la sensualité. La vie lui a offert ce cadeau d'adieu. Et vous, préoccupé par votre livre, vous n'avez pas vraiment fait attention à elle. Votre corps d'homme, oui, mais pas vous.

Jacqueline a perçu du désir dans vos yeux. Ça l'a profondément troublée. Son désir s'est éveillé, jusqu'à l'empêcher de dormir.

Encore aujourd'hui, en vous écrivant, malgré son épuisement, elle pense à vous. Elle peut le révéler maintenant car elle n'a plus de pudeur : elle aurait aimé que vous la touchiez comme un amant touche une femme. Jamais un homme ne l'a fait, sinon pour la soigner.

Ce sera pour sa prochaine vie.

Après vous avoir rencontré, Jacqueline s'est autorisée à rêver. Elle a fait des projets. Elle vous lègue sa « Liste de Vie ».

Si elle avait eu la chance de vivre quelques années de plus, elle aurait réalisé ce qui figure sur cette liste. Elle vous cède tout cela ; peut-être allez-vous concrétiser un par un tous ses rêves… Mais pour cela il vous faudrait arrêter de réfléchir.

Qui sait ? Un miracle est si vite arrivé.

Le saviez-vous ? Chaque fois que l'on pense à quelqu'un, on lui donne la vie. Si on l'oublie, il disparaît. Jacqueline caresse encore un infini désir : que vous ayez une petite pensée pour elle, à chaque objectif atteint, d'accord ? Ainsi, vous prolongerez sa brève existence.

C'est son dernier rêve.

Jacqueline vous offre ce touchant poème zen :

> Les fleurs tombent
> En toute saison
> Mais où va leur parfum ?

À bientôt, Monsieur le Conférencier.

MA LISTE DE VIE

Aimer – Se marier six fois – Avoir douze enfants – Faire le tour du monde en ballon – Sauter en parachute – Jouer la femme de Tarzan dans un film – Aller dans un sous-marin militaire – Devenir modèle photo – Aller sur la lune – Descendre dans un cratère – Visiter la Grande Muraille de Chine – Explorer le Nil – Suivre les traces d'Alexandre le Grand – Écrire une pièce de théâtre, la mettre en scène et la jouer – Écrire un roman policier – Monter à dos d'éléphant – Jouer du piano devant un public – Composer une symphonie – Visiter tous les pays du monde – Monter une entreprise, faire fortune et la distribuer aux enfants nécessiteux – Devenir grand reporter

– Découvrir le vaccin contre la leucémie – Participer à un spectacle de magie comme illusionniste – Lire toutes les œuvres de Dante, de Shakespeare et d'Alexandre Dumas – Inventer une recette de cuisine – Fabriquer un nouvel ordinateur – Ouvrir une boutique de mode – Acheter un chien – Se faire construire une maison ronde qui suit la révolution du soleil – Dormir sur un lit d'eau – Participer à un match de base-ball – Voir le carnaval de Rio – Fêter l'an deux mille en Australie –

Suivaient trois autres feuillets noircis d'objectifs. Je les ai comptés plus tard, il y en avait cent quatre-vingt-six au total. Les deux derniers de la liste étaient :

— *Voir danser Monsieur le Conférencier – Faire l'amour avec lui...*

J'ai souri et remis les feuillets dans l'enveloppe. Je me souviens du studio. L'image sensuelle de la jeune femme s'éveille dans ma mémoire. Je revois la silhouette d'une ballerine exécutant, un soir, sa dernière pantomime pour moi.

— Je regrette, dis-je en soupirant. Je regrette de ne pas avoir dansé pour elle. Ce n'était pas grand-chose... mais je le lui ai refusé, Rolando.

— Ses dernières pensées ont été pour un homme. Grâce à vous, elle s'en est allée le cœur empli de tendresse. En plein coup de foudre. Au début d'une histoire d'amour. Vous lui avez offert un beau cadeau. La majorité d'entre nous meurt sans avoir vibré.

— Vous êtes un homme bon, Rolando, vous voyez le côté positif de chaque chose, n'est-ce pas ?

— Je n'ai plus le temps de voir les autres côtés.

Il lève la tête. Le soleil brille haut dans le ciel.

— C'est une belle journée. Si vous avez un peu de temps, je vous propose une expérience insolite.

Je dois le dévisager avec méfiance, car il ajoute :

— Pour que vous puissiez avancer dans l'écriture de votre livre.

— J'ai tout l'après-midi.

— Venez, nous allons d'abord acheter des fleurs.

Dans les environs d'un cimetière, les fleuristes ne manquent pas. Il s'arrête devant la première boutique venue.

— Antoine, quelle est votre fleur préférée ?

Va-t-il m'offrir un bouquet ?

— J'aime toutes les fleurs.

— Non, non, pas toutes les fleurs… Celles que vous aimeriez recevoir, par exemple, le jour de votre enterrement, sur votre cercueil ?

— Quelle idée sinistre ! Rolando. Voilà bien une chose à laquelle je n'ai jamais pensé.

Il me touche le bras, d'un geste protecteur.

— Ne soyez pas superstitieux, c'est une image.

Je réfléchis un instant.

— Le jasmin, dis-je, à tout hasard, parce qu'il répand son parfum la nuit.

— Entrez et achetez une branche de jasmin.

Je fais ce qu'il me dit, intrigué.

— Bien, dit-il, allons-y ; aujourd'hui vous avez quelque chose de très important à faire.

Il prend la direction du cimetière et je le suis en silence, ma fleur de jasmin à la main. Sur le chemin, il m'interroge :

— Et votre livre ? Où en êtes-vous ?

— Nulle part ! J'ai écrit le premier chapitre, mais ça n'avance plus. Pourtant, je vois mon livre achevé. Je l'imagine exposé à la vitrine des libraires. J'arrive même à voir les lecteurs, et à ressentir leur plaisir de le lire. Même quand je roule en voiture… j'entends les personnages de mon histoire dialoguer entre eux. Tout est en place dans ma tête. Mais dès que je m'installe devant l'ordinateur, ça bloque ! Comment pouvez-vous expliquer cela, Rolando ?

— Pour certains, cela coule facilement... Pour d'autres, il s'agit d'un combat contre les démons intérieurs. Les subterfuges de la créativité m'ont toujours échappé. Cependant, dans mes cours, les progrès réels se présentaient toujours aux élèves qui n'attendaient pas de résultats.

— Que voulez-vous dire ?

— Ils s'entraînaient au jour le jour, sans penser au lendemain. Il « faisaient » pour faire. Ils étaient dans l'instant présent, ne visant aucun objectif. Paradoxalement, ceux-là, seuls, atteignaient un résultat. Tous les autres, en général, abandonnaient la danse assez rapidement. Antoine, ce ne sont que des observations de vieux danseur. Ce n'est pas une vérité.

— Cela va à l'encontre des théories prônées par tous les livres de motivation, dis-je. Pour obtenir un résultat, au contraire, il faut visualiser l'objectif en détails, de manière à créer en soi un désir ardent de l'obtenir, et c'est ce désir ardent qui pousse à l'action. Je pratique et enseigne aux autres ces principes ! Eh bien ! J'ai le désir ardent d'écrire, je me mets devant ma feuille, et rien ne vient, Rolando ! Ou alors des choses sans consistance. Je suis un bon lecteur, je sais juger un texte : le mien est exécrable ! Mon incompétence m'affecte et me décourage tout à fait ! Je ne crois pas avoir du talent pour écrire. Je sais animer un séminaire. Écrire, c'est une autre histoire. J'ai beau me répéter que mes premiers séminaires étaient médiocres, c'est vrai, *mais ils n'étaient pas nuls !* Les stagiaires de mes débuts étaient satisfaits, et cela m'a encouragé à continuer. À m'améliorer. À devenir un bon animateur ! Vous voyez la différence ? Cela fait des années que je m'efforce d'écrire et cela ne ressemble à rien. À rien !

— Arrêtez de vous « efforcer » d'écrire, réplique-t-il.

— Ne vous offusquez pas, Rolando, mais avec vous j'ai l'impression d'avoir gagné le gros lot : vous dites d'abord vouloir m'aider à réaliser mon rêve, c'est-à-dire écrire mon livre. Ensuite, vous avouez être un danseur et ne rien connaître à l'écriture. Pour couronner le tout, vous déclarez travailler au cimetière comme ouvrier-thérapeute... un métier qui n'existe pas... Et maintenant, vous me suggérez sérieusement d'arrêter d'écrire. Vous êtes le soutien rêvé pour tout écrivain débutant. Merci, dis-je en riant.

Nous sommes devant l'entrée principale du cimetière. Il s'arrête, se tourne vers moi :

— Antoine, pourquoi n'écrivez-vous pas pour écrire, tout simplement ? Sans but, sans objectif, sans attente de résultats ?

Il se tait un moment.

— Avez-vous déjà essayé pour le plaisir ?

Il ne me laisse pas le temps de répondre.

— Venez, dit-il, entrons.

Nous prenons la première allée sur la gauche. Je pensais que nous allions sur la tombe de sa femme, mais tout à coup, il bifurque à droite, à l'opposé, vers le fond du cimetière. Où diable m'emmène-t-il ? En silence, nous déambulons dans les allées. Il n'a pas l'air de chercher une sépulture en particulier. De temps à autre, il s'arrête devant un monument, enlève précautionneusement une fleur morte, et la jette dans une poubelle en pierre grise. J'ai toujours ma fleur de jasmin à la main. Où vais-je devoir la déposer ? Et dans quel but ?

Finalement, au bout d'une demi-heure de flânerie, il s'arrête devant une stèle abandonnée depuis au moins un siècle.

— C'était un peintre, dit Rolando, en montrant la pierre tombale. Il est mort à 46 ans. J'ai dans ma chambre l'un de ses rares tableaux. Son talent n'avait pas eu le temps d'arriver à maturité. Il est mort inconnu, comme la plupart des occupants de cet endroit, d'ailleurs.

— Vous le connaissiez ?

— Pas du tout.

Et comme je l'interroge du regard, il ajoute :

— Cela n'a aucun rapport avec ce que nous allons faire ici.

Son intonation a changé. Il prend un air solennel.

— Antoine, vous désirez réaliser un vieux rêve, n'est-ce pas ? Je n'y connais rien en rêves, ni en écriture, mais les morts, eux, peuvent vous aider…

— Les morts ?

— Oui, oui, dit-il, ne souriez pas ; je suis vieux, mais j'ai toute ma tête. Certains jours, il m'arrive d'entendre les morts parler. Les morts sont de bons conseillers. Ils connaissent l'avenir plus sûrement qu'une voyante. Posez-leur une question, et ils vous répondront. Peut-être pas tout de suite, mais vous aurez une réponse, je vous assure. Il s'en passe des choses, dans les cimetières… Vous ne me croyez pas, n'est-ce pas ?

Antoine, je ne sais pas pourquoi vous voulez écrire, peut-être ne le savez-vous pas vous-même. Cela ne me regarde pas, et en soi, cela n'a pas d'importance, votre rêve d'enfance vous appartient. Vous avez consulté des dizaines de livres sur la façon d'écrire, vous avez suivi des séminaires de motivation, de pensée positive, vous avez maintes fois crié votre rêve, vous avez vainement tenté de le réaliser. Rien de tout cela n'a marché. Je vais vous faire découvrir une méthode originale, qui a aidé pas mal de monde à s'activer, aussi bien des artistes, des hommes d'affaires, des amoureux, que des désespérés, des ménagères, des malades… et j'en passe… Ma foi, vous pourriez l'adopter, vous aussi.

Perplexe, je prends un ton ironique.

— Dois-je poser une question spécifique à l'artiste qui repose là, dans ce trou ?

Je me dis que, s'il me répond par l'affirmative, je m'exécuterai pour ne pas le vexer, mais j'arrêterai là nos relations. Le vieillard a peut-être perdu la raison. Et moi aussi.

— Il ne connaît rien à l'écriture, répond-il sérieusement. Antoine, je vous propose de vivre votre enterrement.

Je reste interdit. Déconcerté. Ma main droite, qui tient la fleur de jasmin, se met à trembler.

— Vous plaisantez, Rolando ?

— Nous vivons comme si nous étions immortels, comme si nous avions tout le temps devant nous. Or la vie est semblable à une étoile filante, à peine avons-nous le temps de la voir passer. Antoine, je vous propose simplement de vivre vos obsèques. Vous êtes mort. Vous venez d'être enterré, et vous allez prononcer quelques mots sur la tombe de votre meilleur ami : vous-même ! Je ne sais pas si je suis clair ?

Il l'est. Et moi, je suis glacé. Quelle mise en scène macabre ! Il est encore plus détraqué que je ne l'avais cru. Je vais refuser cette mascarade, quand il ajoute, doucement :

— J'ai l'impression désagréable d'essayer de vous convaincre. Vous pouvez refuser cette expérience, je comprendrai. Je suis vieux, votre refus ne me touchera pas, je suis au-dessus de tout cela. Pourtant, réfléchissez, est-ce si incroyable, ce que je vous demande de faire ? Ne demandez-vous pas aux participants de vos séminaires des choses bien plus bizarres ? Ceux qui les accomplissent sont-ils vraiment différents de vous ?

Il désigne la tombe.

— Vous déposez la fleur de jasmin là, devant vous, vous vous recueillez un moment, et vous prononcez quelques mots. Est-ce si pénible ?

— Et ça va m'aider à écrire mon livre ?

— Je n'en sais rien. Vous êtes de nouveau en train de négocier. Que dites-vous, dans vos stages, à ceux qui hésitent à s'engager dans un exercice ?

— De prendre le risque !

Il ne dit plus un mot. Je sens la pression du silence. C'est à moi de décider, je le sais. De quoi ai-je peur ? Du ridicule ? Je n'ai qu'à expédier cela en vitesse pour contenter le vieillard.

— Bon, dis-je, c'est d'accord. À quel âge suis-je censé être enterré ?

— Pas d'âge particulier. Vous êtes très âgé, mais vous n'avez pas accompli votre rêve.

Je me concentre, m'imaginant vieux et encore tout chaud, sous la terre fraîche. On vient de m'inhumer. Mes proches ont déjà défilé. Je suis le dernier.

Délicatement, je dispose le jasmin sur la tombe d'Antoine. Que vais-je lui dire ? Je cherche mes mots.

Les sons ont du mal à sortir.

— *Mon cher Antoine...*

Je sens ma gorge se nouer.

— *Voilà, tu es parti. Je t'aimais bien, tu sais, tu as toujours été mon meilleur ami. Je crois que tu as bien vécu. Tes rêves de jeunesse ne se sont pas tous concrétisés ; ta vie est passée tellement vite... Hier, tu étais un enfant, aujourd'hui un vieillard. À peine as-tu eu le temps de vivre. Tu avais tant de choses à réaliser... Malgré tout, tu as vécu une vie enrichissante. Tu as aimé et tu as été aimé, tu n'as pas à te plaindre de ce côté-là. Professionnellement, tu as eu l'intelligence de comprendre les choses de la vie et de les partager avec les autres, et même si les gens que tu as croisés sur ta route ne te l'ont pas dit, beaucoup d'entre eux ont respiré une vie plus légère après t'avoir connu. Ton problème principal était ton mental !*

Tu pensais trop ! Si c'était à refaire, je sais que tu réfléchirais moins, et que tu agirais davantage. Malgré ce que tu enseignais dans tes séminaires, tu avais des peurs, toi aussi, qui t'ont empêché de prendre des risques et d'obtenir plus de la vie. Peur de quoi, de qui ? Là où tu reposes maintenant, tu viens de comprendre que rien de plus grave que la mort n'aurait pu t'arriver. Mais on ne vit sa vie qu'une fois, c'est ainsi pour tout le monde. Ce que tu viens d'apprendre ne peut plus te servir. Tes dernières années ont été difficiles. À aucun moment, tu n'as accepté de vieillir, tu avais tant de rêves... Ta vieillesse, tu l'as vécue dans le regret. Quand tu parcourais les photos et les objets posés sur ton buffet, tu pouvais revoir ta vie : ton enfance insouciante, remplie de possibles, ton adolescence, l'éveil de ta sensualité, tes enfants, qui te rappellent aussi la première femme que tu as aimée, la douleur de ton divorce...

Et puis, là, sur ces clichés, Nadine, la femme qui t'a accompagné jusqu'aux derniers instants. Tu as eu de la chance, Antoine, car ton désir de vivre libre a souvent mis en péril cet amour béni des cieux ! Même à l'âge de la vieillesse, tu étais encore prisonnier de ton envie de liberté. Tu es libre, maintenant. À quoi te sert-elle, ta nouvelle liberté ? Et quelle est-elle, ta grande déception ? Il n'y a qu'à regarder le cadre vide, sans photo, le rêve que tu n'as pas réalisé : ton livre. Tu n'as pas pris le temps de l'écrire. Eh oui ! Écrire, pour toi, signifiait perdre du temps, car, comme tu le répétais souvent, la vie, c'est agir ! Tu t'es dispersé en actions inutiles. C'est trop tard, maintenant, tu vas devenir poussière. Les vers sont déjà là. Ils ne feront pas de différence, ils s'attaqueront à ton cercueil, à tes vêtements, à ton visage et à tes espérances. Tout y passera.

Quelques amis et connaissances parleront de toi encore pendant quelque temps, puis ils t'oublieront. Ils ont d'autres préoccupations. Tel un météore, tu as survolé ta destinée.

Tes enfants penseront à leur père comme à quelqu'un qui leur a appris à vivre dans l'action. Mais pour eux aussi, ton image survivra comme un instantané jauni posé sur un meuble.

« Mon père, dira l'un ou l'autre de tes enfants, m'a appris à rêver. »

Ce qu'ils ne savent pas, c'est que ton rêve est resté à l'état de chimère. Avec un peu de chance, ils inculqueront tes idées à leurs enfants, ils leur parleront de toi. Et puis, un jour, tes enfants aussi disparaîtront. Quant à Nadine, ta femme, qui te survivra quelques années, elle seule sans doute gardera vraiment ton souvenir. Tous les meubles, les objets, les portraits lui rappelleront les moments passés avec toi. Les bons moments. Les autres se seront estompés. Tu as encore quelques années à occuper ses pensées. Et puis, un jour, elle aussi sera la proie des vers. Et ta page de vie sera tournée.

Je pleurais. J'avais du brouillard dans les yeux, je ne tenais plus sur mes jambes. Une ombre bougeait à côté de moi. C'était le vieil homme. Il dansait.

Rolando m'a emmené chez lui. J'étais trop bouleversé pour prendre ma voiture et rentrer chez moi. J'étais vidé. Il m'a fait asseoir dans le fauteuil en osier, puis a disparu dans la cuisine. Je suis resté seul un moment.

Il est revenu avec deux tasses de thé, m'en a tendu une. J'y ai trempé mes lèvres qui tremblaient. J'entendais les voitures passer dans la rue. En face de moi, Rolando buvait en silence, sans me regarder.

C'est lui qui a rompu le silence au bout d'un long moment.

— Quel effet cela fait-il d'être en vie ?

— Je reviens de loin. J'étais vraiment accablé de vivre mon enterrement. Je tiens quand même beaucoup à moi !

— À la vie, plutôt. Vous avez beaucoup de chance, Antoine.

— D'être en vie ?

— D'avoir vécu votre enterrement. Je ne connais personne qui ait eu ce privilège.

J'ai essayé de sourire.

— Moi non plus. Quelle chance, en effet. Je n'ai plus rien à perdre, à présent. Il me semble que tout m'est possible.

Je le regardais avec sympathie.

— Merci, lui ai-je dit.

— De quoi ?

— Vous m'avez aidé à découvrir le sens de ma vie : écrire mon livre.

Il a hoché la tête.

— Écrire votre livre, cela ne pourrait donner un sens à votre vie.

Devant mon regard interrogateur, il a poursuivi :

— Écrire un livre, ce n'est qu'un objectif. Le sens d'une vie se situe au-delà des objectifs.

— Je ne comprends pas. Écrire pour un écrivain, peindre pour un peintre, jouer de la musique pour un musicien, cela ne donne-t-il pas un sens à leur vie ?

— Le sens d'une vie est de nature spirituelle, il est présent quelles que soient les circonstances et les difficultés, que l'on ait ou non atteint un objectif. Supposons que vous n'écriviez pas votre livre, votre vie n'aurait-elle alors aucun sens ? Le sens de la vie n'est pas lié à la réalisation d'un but. C'est la différence qui fait la différence. Laissez cette idée faire son chemin.

Il s'est levé.

— Voulez-vous encore du thé ?

Je fais non de la tête. Il s'est dirigé vers la cuisine et s'est servi une autre tasse. Pendant ce temps, mon regard s'est arrêté encore une fois sur les photos posées sur le meuble. J'ai parlé très haut, pour qu'il m'entende :

— Rolando, n'avez-vous pas un regret, un espoir non réalisé ?

Il est revenu, avec sa tasse de thé, souriant et sûr de lui.

— Non, dit-il simplement.

J'attendais la suite, une explication, mais il n'a rien ajouté. J'ai respecté son silence, mais je ne l'ai pas cru. Tout le monde a des rêves, ai-je pensé. Peut-être s'aveugle-t-il lui-même, pour s'éviter une souffrance. C'était ma façon de faire.

— Antoine, pourquoi est-ce si important, pour vous, d'écrire un livre, au point de confondre ce désir avec le sens de votre vie ?

— J'ai l'impression que mes séminaires auraient plus de valeur.

— Ils n'en ont pas assez ?

— Si, mais les gens ne le savent pas. Cela me permettrait d'être connu. Ceux qui remplissent des salles de conférences ont tous écrit, non pas un, mais plusieurs livres. C'est le chemin incontournable. La réussite est à ce prix. Ça va même plus loin : Je *dois* écrire un livre ! Sinon, j'ai l'impression de suffoquer.

— Je comprends, dit-il sur un ton neutre.

— Pourquoi me demandez-vous cela ?

— Si vous étiez l'un de mes élèves, je vous aurais posé la question autrement : pourquoi voulez-vous apprendre à danser ? Qu'auriez-vous répondu ?

— Pour devenir célèbre, je suppose.

— Je le suppose aussi. La question suivante serait : qu'êtes-vous prêt à faire pour le devenir ? Il y a un prix à payer pour toute chose. Vous voulez devenir célèbre ? Bien, qu'êtes-vous prêt à donner en échange ?

— Je sais qu'il y a un prix à payer. Dans mon cas, ce serait la perte de ma liberté, car je n'aime pas me sentir coincé devant un ordinateur. Je me demande si les écrivains de talent produisent sans effort…

Je me suis tu un instant ; je venais de lâcher une sottise.

— J'imagine que non, ai-je rectifié. Les efforts, la discipline quotidienne, c'est ce que je me tue à faire passer comme message dans mes séminaires.

— L'effort est nécessaire, mais ne suffit pas.

Il s'est levé, et j'ai compris qu'il était temps de prendre congé.

Je me suis levé à mon tour.

— Rolando, ai-je dit, je voudrais encore vous remercier pour ce que vous avez fait pour moi aujourd'hui. Je suis fatigué, je vais rentrer chez moi et me coucher. Je ne sais pas si je vais dormir, tant de choses se bousculent dans ma tête.

Il tenait la porte entrouverte. J'allais sortir, quand il me prit doucement par le bras.

— J'ai encore une tâche importante à vous proposer.

Il me serrait le bras, maintenant.

— Rentrez chez vous, et rédigez votre testament spirituel. Imaginez-vous très vieux, sur votre lit de mort et lisant votre testament à vos proches. Écrivez pour chacun d'eux, nommez-les par leur prénom ; n'oubliez personne, ni vos enfants, ni votre femme, ni vos amis. Quand ce sera fait, revenez me voir. Comme vous voyez, il y a pas mal de choses à régler avant d'écrire un livre, et votre testament en est une !

Sans doute ai-je eu l'air dubitatif, car il a insisté.

— Je suis sérieux. Pour nettoyer un tapis, il suffit d'enlever les taches. Le tapis propre est déjà là… Nettoyez les taches de votre passé, elles vous empêchent de voir le présent, et aussi l'avenir.

Puis il m'a poussé dehors et a refermé la porte.

Je me suis retrouvé dans la cour. Le soir venait de tomber. Je n'avais pas envie de rentrer. J'éprouvais le besoin d'être seul, de faire le point. J'avais été enterré et ressuscité… J'ai été pris d'un violent fou rire. Subitement, j'ai eu besoin d'entendre la voix de Nadine.

J'ai trouvé une cabine téléphonique et je l'ai appelée.

— Où es-tu ? a-t-elle demandé en reconnaissant ma voix.

— En face du cimetière d'Ixelles. Tu ne devineras jamais ce qui m'est arrivé : j'ai été enterré, puis ressuscité d'entre les morts.

— Tu as eu un accident ?

— Non, je plaisantais. J'arrive.

J'avais du mal à rassembler mes idées. Je marchais sans direction précise. Voyons, où m'étais-je garé ? Mon cerveau était tout chamboulé. Je me suis arrêté plusieurs fois sur le trottoir, tâchant de réfléchir… Je ne savais plus où j'allais.

— En effet, me suis-je dit, j'ai eu un accident.

Ce soir-là, j'ai eu du mal à m'endormir. Je voyais en détail ma vie future, celle que je n'avais pas encore vécue, et je me rendais compte qu'elle ne me plaisait pas. « Je me suis dispersé en actions inutiles… Je ne veux pas vivre cette vie-là », me disais-je en me tournant et me retournant dans mon lit. « Je veux donner un sens à ma vie ! »

VI

Les jours suivants, je me suis dispersé en occupations aussi vaines que futiles. Je n'arrivais à me concentrer sur rien. J'ai commencé plusieurs tâches à la fois mais sans en finir aucune. Je pensais à des tas de choses... pour éviter de penser au testament. Il me terrorisait, comme si le fait de l'écrire devait me mettre en danger de mort. Je devenais superstitieux !

Et puis, il y a eu ce matin. J'étais étendu sur mon lit, à peine éveillé, les yeux fixés sur le plafond, quand brusquement une vague d'émotion m'a envahi. Des larmes chaudes, que je ne pouvais contenir, ont ruisselé sur mon visage. Une douleur intense, soutenue, venue de quelque profondeur inconnue, déferlait sans prévenir. Je me suis mis à sangloter comme un enfant, sans savoir pourquoi.

Une phrase que je répète dans les séminaires me revient.

« L'émotion apparaît lorsque vous refusez la situation dans laquelle vous vous trouvez. »

Que suis-je en train de refuser ? De rédiger mon testament ? Le fait que je vais mourir un jour ? Que je n'arrive pas à écrire ?

« Chaque fois que quelque chose vous trouble, alors il y a un refoulement ! Si la situation peut être acceptée, l'émotion disparaît. »

Qu'est-ce que je refoule ? Qu'ai-je à accepter ?

Ma femme s'est éveillée, et me regarde pleurer. J'ai toujours été maître de moi, en toute circonstance, et fier de ce tour de force. Tous les manuels de motivation, dont je suis friand, soutiennent que *l'homme est le reflet de ses pensées*. Contrôlez vos pensées, vous contrôlez votre vie. N'ai-je pas toujours suivi ce principe ? Nadine ne comprenait pas comment je pouvais contenir mes émotions. « Tu n'es pas normal », me répétait-elle souvent. « L'homme n'est pas fait pour souffrir inutilement », répliquais-je. J'évitais la souffrance très facilement en « truquant » mes pensées. Sans cesse, je me recadrais ; j'étais devenu le roi de l'évitement.

— Je ne sais pas pourquoi je pleure, ai-je dit entre deux sanglots.

— Depuis quelque temps, je te sens plus ouvert. Tu t'es connecté avec toi-même, a-t-elle répondu.

Elle s'est blottie contre moi et a chuchoté : « Enfin ! »

Le talent est nécessaire, mais le travail compte bien plus, je le sais. Je décide donc de planifier rigoureusement l'écriture de mon livre. J'en établis d'abord grossièrement le plan :

« Un journaliste cherche un sens à sa vie. Son rêve de jeunesse était de devenir un journaliste célèbre. Il réalise, le jour de son anniversaire, la fugacité de l'existence. Il fait alors le point sur sa vie : marié, divorcé, deux enfants, remarié. Mal dans sa peau et à court d'inspiration dans son travail, il s'interroge. Une collègue, devinant sa recherche, lui ouvre les portes du développement personnel en le dirigeant subtilement vers un séminaire. Il estime d'abord ne pas en avoir besoin, mais décide quand même de s'y rendre, pas pour lui, précise-t-il, mais pour pondre un article à sensation sur les paumés qui effectuent ce genre de démarche.

Au début, il reste sur ses gardes, se contentant derrière une attitude professionnelle... Mais petit à petit, au fil des exercices, il s'ouvre, se remet en question, et finit par constater que son mal-être découle de l'absence d'une raison de vivre.

Cette expérience lui permet aussi de communiquer avec des personnes qui partagent ouvertement leurs difficultés, il noue des relations, se fait des amis qu'il reverra après le séminaire. La première porte ouverte, il continue sa recherche en participant à d'autres stages, mais en s'impliquant sans réserve dès le départ, cette fois. Il approche aussi les animateurs qui vont le guider sur la route de la croissance spirituelle. Les lecteurs auront ainsi l'occasion de mieux comprendre le travail d'un animateur de séminaires, de connaître ses interrogations, et aussi ses inquiétudes et ses peurs. *À travers eux, je pourrai communiquer avec mes lecteurs, les animateurs étant mon reflet.*

Un beau jour, le journaliste renonce à chercher sa raison de vivre et, libéré de cette hantise, il saisit, du coup, le sens de sa vie. Tous les personnages de cette histoire représentent une seule et même personne, comme dans un rêve où tous les personnages symbolisent le rêveur, auquel ils révéleront une partie de lui-même. »

Ce roman – car ce sera un roman – me permettra d'évoquer les êtres attachants qui ont croisé ma route depuis dix-huit ans.

Voilà, mon plan est bon. Il me remplit d'enthousiasme, même si je trouve la besogne ardue. Il ne me reste plus qu'à me mettre au travail.

Aujourd'hui, j'ai rédigé mon plan ; demain, je commencerai le premier chapitre.

Le lendemain, je me suis mis à la tâche.

Tous les matins depuis trois semaines, isolé dans mon bureau, je travaille à mon roman. J'ai donné à Nadine la consigne de ne pas m'importuner. Je n'y suis pour personne.

Après deux heures d'écriture, j'arrête et passe à mes occupations professionnelles.

Depuis que j'ai commencé mon livre, je me sens bien dans mon corps, bien dans ma tête. Je fais quelque chose d'utile. J'existe. J'oublie Rolando et son idée de testament. Je suis vivant, bien vivant même, et je souhaite le rester. Le vieil homme m'oblige à défier ma mort. Je préfère l'écarter de mon chemin. De toute façon, je n'ai plus besoin de lui. Avoir vécu mon enterrement m'a donné un sérieux coup de fouet.

S'il m'arrive de douter de l'avenir, il me semble entendre la voix du peintre disparu. Rolando avait raison…

« Tu as la chance d'être en vie, non ? Alors, de quoi te plains-tu ? » Ce ricanement, comme venu de l'au-delà, me faisait frissonner et, aussitôt, je me sentais ragaillardi.

Pendant ce temps, la vie continuait, avec ses petits et grands problèmes. Jusqu'à ce jour où Nadine et moi nous sommes trouvés devant un choix difficile. Fallait-il annuler le séminaire que nous préparions, faute de participants suffisamment nombreux ? Nous avons l'habitude de réunir une cinquantaine de personnes, et nous en avions à peine une vingtaine. Que faire ? Nous couvrions à peine les frais, et la dynamique de groupe serait peut-être compromise par le peu d'énergie présente.

Tout à coup, j'ai entendu l'artiste disparu me parler à l'oreille :

— Fais-le, c'est une expérience nouvelle pour toi, sors de ton confort, innove, adapte-toi aux circonstances. Prends un risque ! Qu'as-tu à perdre ?

Il avait de la jugeote, le cadavre ! J'ai suivi son conseil. J'ai donné le séminaire, et j'ai découvert une autre façon d'animer un groupe, plus intime, plus personnalisée, à l'écoute de chaque participant.

Cela a été un succès. J'ai même reçu des lettres de remerciements. Les gens m'avaient senti totalement disponible face à leurs problèmes, auxquels j'avais répondu avec chaleur.

L'artiste mort était génial !

— Tu vois, m'a-t-il glissé à l'oreille. N'ayant pas eu peur de perdre, tu as gagné !

— Merci, ai-je prononcé tout haut.

Mais il ne m'assistait pas toujours. Parfois, il était absent ; j'avais beau lui poser des questions, il faisait... le mort. Pourquoi ? Qu'avait-il d'autre à faire ?

— Tu deviens gaga, me suis-je dit. Tu parles aux fantômes, à présent.

Pendant six semaines, tous les matins, j'ai écrit. Je n'éprouvais aucune difficulté, les mots jaillissaient facilement. Je n'avais qu'à les transcrire à l'aide du traitement de texte.

Un jour, j'ai eu envie de relire mes soixante premières pages. J'ai constaté avec horreur que mon texte n'avait aucune consistance. Insipide. Médiocre. Vocabulaire pauvre et dialogues préfabriqués. Ça ne valait pas un clou ! Qui aurait envie de lire ça ? Manifestement, je n'ai pas la trempe d'un écrivain. Jamais je ne lirais un livre comme le mien. Je me suis apitoyé sur mon sort d'écrivain raté. Je n'y croyais plus.

Dépité, j'ai déchiré les pages imprimées et les ai jetées au fond de la poubelle, bien camouflées sous des détritus, de crainte que Nadine ne tombât dessus, et j'ai sombré dans une torpeur désespérante. Si je me suis acharné à vouloir écrire, c'était en dépit du bon sens. Je suis né pour parler, pas pour écrire. Pourquoi ne pas accepter ce fait indéniable ?

Les mots du vieux bonhomme me sont revenus en mémoire :

« Il y a des choses à régler avant d'écrire : votre testament en est une ! Il faut nettoyer le tapis. »

Quelques jours après, j'ai profité de l'absence de Nadine pour me consacrer à ce testament. J'avais fini par surmonter mon appréhension. Je me suis installé devant la table de la salle à manger. Pour la circonstance, j'ai choisi d'écrire à l'encre rouge, sur un beau papier bleu, toilé.

Je commence par fermer les yeux quelques instants, m'imaginant très vieux, avec mes proches réunis autour de mon lit, prêt à m'adresser à chacun d'eux en particulier. Je vais leur donner une partie de moi-même, de ma vie, de mon expérience. Alors, je me suis mis à écrire lentement, en prononçant les mots tout haut. Mais dès la première phrase proférée, j'ai été déconcerté par le bouleversement dans lequel cet exercice, facile en apparence, m'a plongé.

Je pleure abondamment, débordé de sanglots. Je n'arrive plus à articuler le moindre mot. Le beau papier toilé est trempé de larmes. Pour écrire quelques lignes, je dois m'y reprendre à plusieurs fois, tant l'émotion est forte. J'avais pensé expédier cette corvée en quelques heures, mais je dois me rendre à l'évidence : cela me prendra plusieurs jours, car pour ne pas dévoiler mon extrême sensibilité à Nadine, je devrai m'organiser pour être seul à la maison.

J'ai mis trois semaines pour achever mon testament. Jamais je ne m'étais exprimé de façon si intime. Cela m'avait exténué. Je m'étais légué, entièrement. À présent, je peux mourir en paix, me suis-je surpris à penser.

VII

J'ai revu Rolando au début du mois de juin. Je voulais lui parler de mon testament.

Je me suis rendu chez lui un soir, vers dix-huit heures. Je me suis garé à ma place habituelle, entre les deux poteaux.

Les journées s'étaient allongées. Le soleil était encore chaud. L'animation du quartier était à son comble. Les trottoirs étaient encombrés par les terrasses dressées devant chaque taverne, et prises d'assaut par les badauds. Je n'avais d'yeux que pour les passantes, légèrement vêtues. Je me sentais captivé par toutes ces femmes, que mon regard cherchait. Exercice difficile, il en sortait de partout !

« Comme elles sont adorables, ai-je pensé. Dommage qu'elles ne puissent pas toutes m'aimer... Pour ma part, je suis déjà envoûté, irrémédiablement. Voilà une raison de vivre palpitante ! Me vouer nuit et jour à la luxure. En chaque homme, n'y a-t-il pas un Casanova qui sommeille ? »

Sur la porte de Rolando, un message est épinglé : « Antoine, je suis au cimetière. Venez me retrouver. Passez par le portail. »

À cette heure, la grille de l'entrée principale du cimetière est cadenassée, et je pousse donc la petite porte, sur le côté. Je n'ai pas de peine à le trouver, occupé à épousseter une sépulture, un balai à la main.

M'ayant vu, il vient à ma rencontre, traînant son balai derrière lui et arborant un large sourire. Il est accoutré d'un long short bariolé, d'un débardeur rouge vif, et a des espadrilles aux pieds. Une casquette couleur citron remplace son éternel bonnet de laine. Ainsi fagoté, il a l'air de sortir tout droit d'un album de bande dessinée. Il ne lui manque que les lunettes de soleil ! L'ouvrier-thérapeute est drôlement cocasse !

Cette fois, c'est moi qui le prends dans mes bras.

— J'ai tellement de choses à vous raconter, dis-je, ému.

Il me considère un moment.

— Votre visage est plus serein.

— Je le pense aussi. Je me sens tout autre. Il faut dire qu'avec ce que vous m'avez fait faire... Cela changerait n'importe quel homme. Je vous en ai voulu, vous savez. Je vous ai haï, détesté, maudit, et j'en passe...

Il rit.

— Je m'en doute, Antoine. C'est toujours comme cela, ils me haïssent tous. Pourtant, vous êtes là, et c'est ce qui compte, notre amitié est la plus forte. Venez, allons chez moi. Je terminerai le nettoyage demain, ou après-demain. De toute façon, j'ai beau frotter, cela se salit toujours. Vous n'avez pas idée ! Rien ne se fixe, la propreté comme la saleté, tout est changement. On le remarque plus facilement dans un cimetière, mais c'est une loi de la nature. Tout ce qui vient s'en va. Rien n'est stable, rien n'est immobile. Le succès et l'échec, le plaisir et la peine, la naissance et la mort. Rien n'est permanent. La seule chose qui ne change pas, c'est le changement. Ah ! si nous pouvions accepter ce principe universel, si nous pouvions dire oui au changement... Nous laisser porter par le courant... par le rythme... au lieu de lutter... La vie est un mouvement, un tempo, une musique.

Nous passons devant la tombe du peintre. J'adresse un salut au disparu :

— Merci, dis-je.

Rolando me jette un coup d'œil complice.

— Vous aviez raison, ai-je dit à Rolando, les morts sont de bon conseil. Nous sommes devenus amis, le peintre et moi. Il me parle quand j'en ai besoin, et me remonte le moral.

Tout en bavardant, nous nous rapprochons de la sortie.

— Où en est votre livre ?

— Ne m'en parlez pas, Rolando, je ne suis pas fait pour écrire, je vous le répète. J'ai écrit – si on peut appeler cela écrire – une soixantaine de pages. Quand je les ai relues, je les ai déchirées et jetées. Ça ne valait rien. Lorsque je compare mon texte à celui d'un écrivain, je me rends compte de mon incompétence. Je suis né pour parler, pas pour écrire. J'en suis persuadé, maintenant. Dans un certain sens, notre rencontre, m'a ouvert les yeux.

— Vous vous disqualifiez ; c'est une réaction fréquente, lorsqu'on se compare à d'autres. Je vous ai entendu en conférence, vous avez le talent de faire vibrer le cœur des hommes avec des mots. Ne croyez-vous pas pouvoir transcrire ces mêmes mots sur le papier, à votre façon ? Vous êtes incomparable, Antoine. Votre style est unique.

— Tenez, dit-il, en s'arrêtant au milieu de l'allée, prenez mon balai.

Nous étions arrivés près de la sortie. J'ai pris le balai qu'il me tendait.

— Comment trouvez-vous la propreté du sol, à l'entrée du cimetière ?

Des feuilles, des papiers traînaient.

— C'est sale, ai-je répondu.

— Faites un peu de nettoyage, dit-il. Allez-y, éliminez les saletés.

Je donne un rapide coup de balai sur les quelques feuilles et papiers que j'envoie sur le côté. Puis, satisfait, je me tourne vers Rolando. Mais il m'interroge à nouveau.

— Est-ce propre, maintenant ?

— Non, bien sûr. J'ai balayé trop rapidement.

— Prenez votre temps, balayez encore.

Je ne vois pas où il veut en venir. Je donne encore quelques coups de balai, en m'appliquant.

— Vous trouvez cela propre, maintenant ? dit-il.

— Non, Rolando. Pour rendre cela vraiment propre, il faut du travail, encore.

— Continuez alors, dit-il, j'ai tout mon temps. Et il s'assied sur le coin d'une tombe.

Je me remets au travail en essayant d'y apporter plus de conviction, mais je n'ai guère d'illusions. Pour nettoyer l'entrée du cimetière, il faudrait une demi-journée, au moins. Néanmoins, je fais un effort, ramassant au passage quelques papiers, quelques mégots de cigarettes, d'autres détritus. À intervalles réguliers, je m'arrête et interroge le vieil homme du regard. Ne recevant pas de réponse, je me remets à l'ouvrage.

J'ai balayé ainsi pendant une vingtaine de minutes. Puis, fatigué, et ne voyant pas ce qu'il voulait démontrer, j'ai cessé le jeu.

— Alors, Antoine, regardez l'entrée, est-elle propre ?

— Vous savez bien que non. Il faudrait une journée de travail.

— Continuez, Antoine, brossez encore.

Je ne trouvais plus cela drôle. Je pouvais m'esquinter pendant des heures, cela ne serait jamais totalement net. Et il le savait.

— À quoi bon ? Cela ne sera jamais propre, vous le savez bien. Pourquoi me faites-vous faire tout cela, dites-moi.

— Antoine, est-ce que vous trouvez cela net ?

— Non, dis-je, non, ce n'est pas net !

— Alors, donnez-vous de la peine. Travaillez, mon garçon, faites des efforts. Luttez encore.

— Sérieusement, Rolando, comment vous, trouvez-vous l'allée ?

Il a examiné soigneusement le sol.

— Pour moi, c'est parfaitement propre, a-t-il affirmé. Impeccable, même.

J'ai haussé les épaules.

— Vous prétendez que c'est propre ! Vous savez bien que c'est crasseux.

— Écoutez, Antoine, vous avez quelque chose à régler ici, avec vous-même. Restez donc, moi je rentre vous préparer du thé. Je vous attends au studio. Continuez de frotter l'allée jusqu'à ce que vous la trouviez à votre goût. J'ai à faire, prenez donc tout votre temps. En sortant, veillez bien à refermer la petite porte.

Il a quitté le cimetière et m'a laissé seul, appuyé sur le balai.

Que faire ? Continuer à nettoyer ? Laisser tomber ? S'il trouve cela propre, lui, pourquoi ne pas lui donner raison, après tout ? Pourtant, c'est sale, n'importe qui le dirait. C'est sale ! Sale ! Sale !

Je reste là, dans ce cimetière, embarrassé comme

un lourdaud, me demandant ce que je suis censé faire pour bien faire. Continuer, encore ?

Alors je me suis mis à regarder le sol autrement, en m'imaginant être à la place de Rolando. Il le voit propre, non ? Je détermine, moi aussi, qu'il l'est. Parfaitement propre même.

Et tout à coup, il est devenu comme je le voyais, comme je voulais le voir. Comme par magie, tout est à sa place. Les quelques feuilles traînant, ici et là, donnent à l'allée un air romantique, à la tombée du soir. Je me serais évité bien de la peine, si je l'avais remarqué plus tôt. L'allée est parfaite. Je n'ai plus rien à faire ici.

J'ai déposé le balai-brosse contre le mur, et quitté le cimetière en refermant la porte. Brusquement, j'ai compris…

— Bon dieu, ai-je dit tout haut, j'ai déchiré les pages de mon livre. Alors qu'elles étaient parfaites !

Je pose un regard sur ma vie. Je la trouve conforme. Je n'ai plus à lutter. Tout est à sa place. Oui, il suffit de le vouloir, et tout s'ajuste.

Je marche vite jusque chez Rolando.

J'ai retrouvé le vieil homme au milieu du studio ; il avait revêtu un body noir d'une seule pièce et, pieds nus, dansait sur une composition aérienne de Vangelis, *Dream In An Open Place*.

J'ai enlevé mes chaussures et pris place sur le tabouret, dos au mur.

Je suis resté de longues minutes à le regarder bouger, fasciné par sa légèreté. La musique ne donnait pas vie à son corps, c'est son corps qui donnait vie à la musique. Il recréait la mélodie. On aurait dit que c'était lui qui déclenchait le rythme par ses mouvements fluides. La musique suivait, une fraction de seconde après que le mouvement du danseur avait été entamé. L'homme et la musique s'enlaçaient et se délaçaient, se quittaient et se retrouvaient, pour s'unir enfin. Il exécutait, devant mes yeux émerveillés, un ballet d'amour d'une extrême beauté. Dans les mouvements du vieil homme, je voyais les miracles de la passion, de la sensualité... de la Vie !

Il s'est arrêté en même temps que la musique. Il est resté immuable, dans une sorte de recueillement, encore en extase, le regard fixé sur le sol. Puis, il s'est tourné légèrement vers moi. Il m'a vu, son visage a repris sa mobilité. Alors, il m'a fait une profonde révérence.

Il est touché par la grâce, ai-je pensé. Je sentais l'émotion m'envahir. J'ai applaudi, pour ne pas pleurer.

— Quel genre de danse était-ce ?

— J'ai suivi mon intuition, Antoine. Je suis allé là où elle m'a porté, dans un espace d'espérance et de liberté, au-delà de la pensée. J'ai voyagé dans ma propre harmonie, sans destination, en étant dans le mouvement présent.

Je vois sa poitrine se gonfler et se dégonfler, il respire totalement, la bouche entrouverte.

— N'était-ce pas parfait ?

Je souris.

— C'était parfait.

— Et l'allée du cimetière ?

— Parfaitement propre, impeccable. J'ai réalisé, là-bas, combien ma vie, mes actions, le texte de mon livre, étaient parfaits, ai-je ajouté. J'ai compris le message.

— Je doute que vous ayez compris si vite, des sages mettent toute une vie pour intégrer cela. Vous avez saisi avec la tête.

Il y a eu un long silence.

— Et votre testament, Antoine ? Racontez-moi.

— Oh ! Rolando ! Quelle épreuve extraordinaire ! Quelle expérience déchirante ! Mes proches, autour de mon lit de mort ! Je ne vois plus ma vie avec les mêmes yeux. La couleur de mon univers a changé. Une délivrance ! Je dois vous en parler...

L'émotion revenait en force.

— Ne dites rien surtout, a dit Rolando. Je ne veux pas comprendre avec la tête, mais avec le cœur. Vous allez me confier tout cela avec votre corps.

Il s'est dirigé vers la chaîne stéréo et a mis la musique. Il a choisi pour la circonstance une œuvre musicale du XVIIe siècle : *Troisième Leçon de Ténèbres* à deux voix, du compositeur François Couperin. Je me suis longtemps demandé pourquoi il avait choisi un rythme tellement lent, et qui avait l'air si triste. Faisait-il référence aux « ténèbres » du titre ? Ce que j'avais à léguer n'était pas triste, j'aurais aimé une musique plus gaie. Je n'ai compris le clin d'œil de Rolando que bien plus tard, lorsque je me suis mis à relater cette histoire et que je recherchais les musiques sur lesquelles il s'était appuyé pour me communiquer ses messages. Cet extrait musical figurait sur le disque de la bande originale du film d'Alain Corneau : *Tous les matins du monde*. Bien sûr !

Rolando me fait un geste d'invite.

—Enlevez vos chaussettes, et dansez votre testament.

J'ai envie de lutter, de dire non, de trouver une échappatoire, mais une voix intérieure me souffle : « Suis le rythme, ne t'oppose pas… »

Je fais deux pas en avant, et m'immobilise aussitôt, cherchant comment éviter le ridicule, quand je constate avec stupeur que mon corps se met en mouvement, suit la direction du clavecin, la mobilité de la viole, les voix cristallines des sopranos. Mes bras, mes jambes, ma tête se mettent en mouvement comme malgré moi. La musique soutient mes gestes, et je laisse faire. Je me sens voler, décoller. Je perçois le rythme, comme une force vivante dans l'espace du studio ; il vient me happer avec puissance. Je bouge, mais oui, je n'en reviens pas, et

mes gestes sont en accord avec ma vie. Je vois distinctement chaque personne que j'aime devant moi, et lui
parle avec mon corps. À travers la danse, je leur lègue
mon existence :

« Je suis heureux de vous avoir tous autour de moi, avant
de partir. Quelle chance d'avoir avec moi mes enfants, les deux
femmes qui ont partagé ma route, mon frère et mon ami d'enfance, les personnes qui me sont les plus chères. C'est dur de
vous quitter, je vous aime tant, vous êtes ma vie. Un vieux
monsieur très sage, que j'ai connu autrefois, disait que tout
ce qui vient, vient pour partir. Quel beau raisonnement ! J'ai
beau savoir que c'est ainsi pour toute chose sur cette terre, cela
ne me console pas. Quel drame ! Quelle atrocité que la mort !

Je voudrais vous dire d'abord, à tous, que je regrette de
n'avoir pas été plus disponible pour vous, car aimer, c'est être
présent. Et je ne l'ai pas été assez. Je réalise combien j'aurais
pu vous accompagner dans ces moments, insignifiants en apparence, de la vie quotidienne, pour vous apporter des petits
bonheurs et les partager avec vous. J'étais trop obnubilé par
moi-même. C'est maintenant que je vous vois vraiment. Les
choses et les êtres prennent de l'importance quand on est sur
le point de les perdre. Comme c'est beau, cette intimité, ce
moment… Et comme je trouve dommage d'avoir gaspillé ce
temps d'amour, si précieux, à des activités vaines, stériles, et
combien inutiles.

Maintenant que voilà ma dernière heure arrivée, je voudrais transmettre quelque chose à chacun de vous en particulier. Je n'ai pas de leçon à vous faire, n'ayez pas peur. Je ne l'ai
jamais fait dans mon métier – les leçons ne servent à rien – je
ne le ferai pas aujourd'hui. "Aujourd'hui !" Avez-vous remarqué comme ce mot est beau ? Il y avait tant de "Aujourd'hui"
à vivre, mais je n'ai vécu que pour des "Demain" ! Qu'est-ce
que je donnerais pour en avoir un de plus, un "Aujourd'hui" !
Mais mon Comptable, vous voyez de qui je parle, m'a dit,

en vérifiant ses livres, que je n'ai plus de liquidités de ce côté-là.

Je vais commencer par toi, Georges, mon ami d'enfance, approche-toi. Je suis content que ce soit toi qui m'accompagnes en ce moment, je sais que je suis privilégié, car toi, tu devras partir sans moi, je ne serai pas là pour te dire adieu. J'ai de la chance… Et je sais qu'en parlant de la sorte, je me montre égoïste. Sacré Georges, tu as bien vieilli. Je n'aurais jamais cru que tu me verrais mourir, on ne pense pas à ces choses-là quand on est jeune. Tu es important pour moi, tu fais partie de mon enfance, c'est là que je me suis construit. Tu as participé à ma construction. Tous les bons souvenirs de ces moments de grâce – quel bonheur ! – tu en fais partie. C'est dans l'enfance que nous avons partagé le plus de choses. On a bâti des cabanes, on s'est battu contre des bandes rivales, et plus tard, on a couru les filles. Je me suis marié, toi aussi, j'ai divorcé, toi aussi. Après on s'est perdu de vue. Notre enfance s'est éloignée, et j'ai consacré moins de place à notre amitié. Tu as respecté cette distance que j'ai mise entre nous. Le cadeau que tu me fais, aujourd'hui, c'est d'être là, tout simplement. Tu as été mon seul ami. Si tu n'avais pas existé, j'aurais parcouru la vie sans connaître la signification du mot "ami". Si je pouvais recommencer tout cela – hé ! hé ! – même vieux, là, comme je le suis, gâteux et rabougri, et bien, je serais prêt, avec toi à mes côtés, à reconstruire des cabanes, à me bagarrer contre les mauvais, et aussi à courir les femmes – surtout les femmes – Georges, les belles, et aussi les moins belles que nous aurions rendues jolies en leur chantant des mots d'amour, tu sais, en grattant la guitare, sous un balcon… Voilà un regret, tiens ! Je réalise que je n'ai jamais donné la sérénade. Tout ce temps perdu à discuter, à regarder la télévision, à lire, à paresser, à penser, à jouer devant mon ordinateur, à donner des séminaires, à voyager… et je n'ai jamais – jamais – donné la sérénade ! Quel malheur !

Georges, toi, il te reste encore des "Aujourd'hui". Pour donner la sérénade !

À toi, Michel, mon frère. Approche, laisse-moi tenir ta main. C'est moi qui suis venu au monde le premier, il est normal que je parte le premier. Nous avons vécu dans la rivalité ; tout ce que j'ai fait, tu l'as fait, et tout ce que tu as fait, je l'ai fait. La plupart des choses, nous nous sommes arrangés pour les entreprendre à deux, c'était plus sûr. Cela aurait été trop pénible que l'un de nous ait du succès, et pas l'autre. Nous avons passé notre vie à nous épier : aucun des deux ne pouvait gagner seul. Comme il aurait été sage que chacun puisse suivre sa propre route sans se soucier de l'autre...

Faut-il donc arriver aux derniers moments de son existence pour en prendre conscience ?

Mais cette saine rivalité fraternelle nous a permis de rester liés. La jalousie, tu vois, peut avoir du positif, elle nous a maintenus l'un près de l'autre, et même si une curieuse pudeur nous a empêchés de nous l'avouer, l'amour était présent dans toutes nos actions, caché sous ces violentes discussions où chacun de nous voulait avoir raison. Mais raison de quoi ? Je ne sais plus. C'était un jeu, et nous l'avons joué jusqu'au bout de la vie, la mienne.

À présent, tu as le champ libre, tu peux enfin vivre comme tu le souhaites, tu n'as plus personne à surveiller du coin de l'œil. Quelle tranquillité ! Ton rival disparaît !

Michel, que vas-tu faire de cette liberté ? Tu as la possibilité de penser, d'agir, de t'exprimer sans tenir compte de la contrainte que je fus pour toi. Il te reste des centaines de journées à explorer !

Mon cher frère, mon ami, mon rival adoré, j'ai été heureux de t'avoir pour frère. Sans toi, je me serais senti bien seul. J'en ai trop vu, des sœurs et des frères séparés par la haine, vivre et mourir isolés.

Quand même... je vais te dire... je t'ai toujours aimé, voilà, je l'ai dit... l'essentiel...

Nous avons passé des années à discutailler, approche-toi… Laisse-moi maintenant te prendre dans mes bras et poser mes lèvres sur ta joue.

Yvette, ta place est près de moi. Tu es la mère de mes enfants. Tu as été mon premier amour à la sortie de l'adolescence. Je me souviens comme si c'était hier, du jour où j'ai demandé ta main à tes parents, nous devions avoir 22 ans. Je te la redemande aujourd'hui, à la fin de ma vie… Mets ta main dans la mienne… Je pourrais comprendre si tu refusais, je t'ai fait tellement de mal en te quittant un jour pour une autre femme. Ta douleur, ou plutôt celle que j'ai déposée sur tes épaules de jeune femme amoureuse pour toujours, m'a poursuivi toute ma vie. J'éprouve aujourd'hui encore le besoin de l'exprimer pour l'exorciser. Rends-la-moi, cette saleté, elle m'appartient en propre. Soulage tes épaules, charge les miennes. Oh ! Bien des gens m'ont dit que si tu as souffert, c'est que tu le voulais bien, que tu avais d'autres choix dans l'existence… que tu pouvais retrouver un être à aimer, qui t'aurait apporté du réconfort, de la présence… et cela m'arrangeait de croire que tu y tenais, à ta souffrance… Comme si on pouvait tenir à sa souffrance !… Comme si c'était un choix ! La seule chose que j'ai apprise, pendant ce petit laps de temps qu'on appelle la vie, c'est que si on a le pouvoir de faire une chose, on la fait, et si on ne la fait pas, c'est qu'on ne peut pas.

Depuis que je t'ai quittée, il m'a été difficile de profiter pleinement de moments heureux, car l'ombre de ta peine pesait sur eux. S'il n'y avait eu la peur de réveiller des blessures, je t'aurais volontiers offert mon amitié. Il paraît que l'amitié ne peut exister après l'amour, que cela tourne au ressentiment… Peut-être que oui, peut-être que non. On dit tellement de choses… Je sais que rien n'est dicté, et que j'aurais pu au moins essayer. Je n'ai pas eu le courage. C'était plus facile pour moi de t'ignorer, car te revoir régulièrement, partager des instants avec nos enfants et avec Nadine, c'était prendre le risque de revoir dans tes yeux le mal que je t'ai fait... J'ai été lâche jusqu'au bout...

Yvette, depuis notre rencontre jusqu'à notre séparation, et pendant toutes les années qui ont suivi, tu es restée présente en moi. Chaque battement de mon cœur, où que je sois, quoi que je fasse, à tout moment, me rappelait qu'un autre cœur, quelque part, résonnait au même rythme.

Là... je le sens dans ta main, qui s'affole.

Mon cœur est en train de jouer son dernier mouvement. Le tien va continuer sa musique en solo... Accorde-le à l'univers, qu'il batte à sa mesure...

... des années encore...

Mes enfants, Raphaël, Nathalie, et Caroline, j'ai des choses à vous dire... Venez, là... Nous voici tous réunis, père, mères et enfants. Quelle aubaine ! Nous nous retrouvions aux fêtes ou aux grandes occasions. Voici pour moi la dernière grande occasion à laquelle je participe : la fête de mon départ.

Hier encore j'avais votre âge... Je me souviens... Un jour, j'étais en visite chez mes parents, et je venais de leur annoncer la décision de quitter mon emploi du moment. Ma mère s'est fâchée et, pendant plus d'une heure, elle a essayé de me faire revenir sur ma décision en argumentant sur la famille, le bonheur, les enfants, la responsabilité... Mon père brusquement est intervenu et il a dit d'une voix douce, comme s'il pensait à quelque chose qui venait de loin :

— Antoine, si c'est cela que tu as envie de faire, fais-le ! La vie est si courte. Il n'y a pas longtemps, j'avais ton âge...

Sa façon de dire ces mots m'a fait frissonner. Ces paroles, j'en suis sûr aujourd'hui, ne m'étaient pas destinées, c'est à lui qu'il les adressait. Ce n'était pas lui qui avait parlé, c'était l'autre homme, celui qui vivait en lui en secret et qui, pour la première fois de sa vie, avait osé s'exprimer... J'ai perçu de la nostalgie dans sa voix. Quelque temps après, il mourait.

Je vois maintenant ce qu'il voulait dire. Je viens à peine de réaliser ce qu'est la vie, d'en comprendre les règles, que déjà je la quitte.

Raphaël, mon fils, un jour tu m'as donné une fameuse leçon de vie : tu avais trois ans et tu trottais sur un éléphant en plastique – Dumbo – en poussant sur tes petits pieds pour le faire avancer, quand tu as entendu un avion passer au-dessus de l'appartement. Tu as quitté ta monture et couru vers moi en pointant le doigt vers le plafond : avion… avion… disais-tu, émerveillé. Je ne l'avais pas entendu, moi, cet avion. Tu as attiré mon attention sur une chose essentielle : à 24 ans, j'avais déjà perdu mon âme d'enfant, je n'entendais ni ne voyais plus les avions passer, les oiseaux chanter, je ne prenais plus les éléphants en plastique pour compagnons de jeux. J'étais devenu un homme sérieux et peut-être le serais-je encore aujourd'hui, si la leçon n'avait porté. Depuis, j'ai essayé le plus souvent possible de garder mon émerveillement d'enfant et, quand passe un avion, je pointe l'index vers le ciel en disant "avion… avion". Dis-moi, mon fils, entends-tu encore les avions passer ?

Aujourd'hui, s'il y a bien une chose que je voudrais te dire, c'est qu'il n'y a pas moyen de transmettre une expérience aux autres, et encore moins à ses enfants. Je pourrais te dire que la vie a une valeur inestimable, et que chaque moment est un trésor, et encore qu'il faut mettre de la folie dans son existence, mais ce ne sont que des mots. Tu t'en rendras compte tout seul. Il n'y a pas de raccourcis, tu feras le chemin, comme moi, comme nous tous, pour réaliser, au bout de la route, que le temps est la denrée la plus rare et donc la plus précieuse de l'univers. Ne le laisse pas filer entre tes doigts. Il n'y a qu'une façon d'en profiter, c'est de se situer dans l'action, et non dans la pensée. Penser ne sert à rien.

Le temps est ton ami si tu le vénères, ton pire ennemi si tu le négliges ; entre les deux, il n'y a rien.

Pour terminer, laisse-moi te répéter ce que mon père m'a dit un jour :

— Si tu veux faire une chose, fais-la !

J'ajouterai ceci : et si tu es fou de désir, c'est le signe qui doit t'inciter à l'accomplir sur-le-champ ! Raye le mot "sage" de ton vocabulaire. Sois sans limites ! Plein d'élan, d'appétits qui dépassent l'homme ! Que le monde te soit trop étroit !

Je t'aime.

Nathalie, tu es faite pour aider les autres à se réaliser. Peut-être as-tu commencé par observer ton père, animateur de séminaires, et ton inconscient t'a-t-il poussé vers la psychologie ? Qu'importe ce qui t'a encouragée dans cette direction, tu y es à l'aise, tu vis pour cela. J'aime ta façon d'être à l'écoute des autres, d'être disponible, ouverte et chaleureuse. Tu as ce besoin de vouer ta vie aux autres, et tu le fais avec beaucoup de talent. Tu es heureuse dans la relation d'aide. Quelqu'un a dit qu'on a les enfants que l'on mérite, je te reconnais, tu es bien ma fille. Quant à moi, j'ai voué ma vie à stimuler les gens, à les pousser à découvrir leurs talents. Une mission, en somme. Cela ressemble à un conte de fées, n'est-ce pas ? Tu as raison ! C'est bien un conte de fées. C'est-à-dire une vie idéalisée et hors de la réalité. Et pourtant, ce n'est pas ainsi que les choses se sont passées. La vérité est tout autre. Laisse-moi te dire que j'étais quelqu'un de timide ; hé oui, c'est difficile à croire. Quand j'ai rencontré ta mère, je doutais de moi. C'était une chance qu'une institutrice cultivée puisse se tourner vers moi, et m'aimer. C'est elle qui a valorisé l'homme en moi. Bien plus tard, je me suis retrouvé animateur dans le développement personnel, et ce n'est pas un hasard. Ce n'était pas non plus une quelconque mission – même si je l'ai cru autrefois ; c'est pour m'aider moi-même que j'ai choisi ce métier. Nathalie, chérie, je n'ai fait que m'aider, me valoriser. Ce que j'ai cherché en moi, je l'ai enseigné. C'est moi que je cherchais au travers des autres. Et cela a parfaitement marché, j'ai fini par me trouver.

En étant attentif aux autres, je recevais en retour des caresses psychologiques qui ont construit mon identité ; j'existais grâce aux autres. Quel beau métier j'ai eu, quel beau métier que le tien !

J'ai appris beaucoup de choses dans les séminaires. La plus importante, que je te lègue aujourd'hui, c'est que l'on ne peut changer personne.

On peut seulement créer les circonstances qui permettront le changement. Les gens changent par eux-mêmes, au détour de certaines expériences.

Il m'a fallu une quinzaine d'années pour assimiler ce principe ; pour comprendre qu'en fait, je n'étais pas l'instigateur du changement chez les autres, quand il avait lieu. Désagréable découverte ! Les gens changeaient quand ils étaient motivés pour le faire. Personne d'extérieur n'en était la cause.

J'ai aussi découvert que quand les gens ne changeaient pas, ce n'était pas non plus à cause de moi. Il n'y avait rien que j'aie mal fait. Voilà un poids en moins sur ma conscience !

Pourquoi te dire tout cela ? Tu es psychologue, tu sais quel message je t'envoie : ne prends pas ta "mission" trop au sérieux. Exerce ton métier comme un jeu, les gens aiment jouer. Si tu y prends du plaisir, tes clients en prendront aussi, et un jour, ils viendront te dire que tu les as aidés à changer. La vie est un jeu, rien qu'un jeu. Amuse-toi bien !

Je t'aime.

Caroline, il est temps que je te parle. Quand tu es entrée dans ma vie, vers 8 ans, je t'ai vue comme une étrangère ; tu es arrivée dans la relation que j'avais avec ta maman et cela m'a dérangé. J'avais quitté ma femme pour vivre avec ta mère. Cela voulait dire aussi que j'avais quitté ma famille, puisque je ne rencontrais mes enfants qu'épisodiquement. Je me sentais coupable de ne pas les voir plus souvent, alors que j'avais recueilli sous mon toit l'enfant d'une autre. Je me rendais compte que je m'empêchais de t'aimer. J'avais l'impression de tromper mes enfants, de leur enlever de l'amour pour le donner à une étrangère. Je créais un mur d'indifférence ; c'est donc ta mère qui t'a élevée, seule, les premières années. Je sentais que tu en souffrais. Tu avais un père qui t'avait abandonnée, et un autre qui ne te regardait pas trop. Cela a dû être très dur pour toi, même si tu ne le montrais pas.

Mais le mur n'a pas tenu ; avec les années, des fissures se sont dessinées. L'amour est comme l'eau, dès qu'il trouve un passage, il s'y engouffre et un jour il emporte tout le mur. Cela se fait lentement. Aucun édifice ne résiste à l'amour. Mon rempart s'est effrité. Mon amour ne t'a pas été donné d'office, comme celui d'un père pour son enfant. Il s'est donné jour après jour. Il a pris sa place. Il s'est installé.

Je n'étais pas ton père, je le suis devenu.

Tu n'étais pas mon enfant, tu l'es devenue.

J'en suis heureux.

Je t'aime.

Nadine, ma petite femme chérie, c'est aujourd'hui notre dernière discussion. En général, les discussions tournent aux débats, aux querelles. C'est ce que j'ai aimé en toi dès le début : tu ne te laissais pas faire, quand tu n'étais pas d'accord tu le disais. Un jour j'avais le dernier mot, le lendemain c'était toi.

Aujourd'hui, ce sera toi. Alors, laisse-moi parler sans m'interrompre.

Quand je t'ai rencontrée, je n'ai pas cru d'abord que j'allais quitter ma femme pour vivre avec toi. Une femme en valait une autre. Je me disais qu'après le premier choc amoureux, le reste, le quotidien, ressemblerait à celui que je vivais déjà avec Yvette.

Mais ça, c'était la raison, et la raison n'a rien à voir avec le cœur, tu me l'as souvent répété.

Cela a été dur de quitter ma femme pour une autre, mais ma vie a changé, grâce à toi.

J'ai découvert la passion. Tu étais celle que j'attendais, celle qui était faite pour moi. Ce que j'ai adoré chez toi, c'est la force de ton amour. Tu t'es battue pour gagner la bataille, jamais tu n'as renoncé – je me demande si tu connais le mot "renoncer" – l'amour est ta loi. Je n'avais jamais vu cela. Tu m'as glorifié, quel cadeau ! Ça, c'est aimer ! me disais-je, et j'en étais l'objet. Quel homme peut résister à cette tempête ? Car tu étais la tempête, la tornade, le volcan exalté.

Je n'ai jamais plus rencontré cela sur mon chemin. Pourtant, j'en ai croisé, des femmes qui prétendaient m'aimer. Mais leur amour était timide, peu sûr, hésitant... Prêt à renoncer au premier obstacle. Et l'obstacle, c'était toi ; aucune n'était de taille.

J'ai appris, à ton contact, que l'amour peut tout, impose tout, s'il est vrai.

Te souviens-tu des premières années de notre vie commune ? Tu me demandais souvent si je t'aimais. Prudent, je te répondais que je ne savais pas trop ce que le mot "aimer" voulait dire, je ne comprenais pas... Bien sûr que je t'aimais... comme tout le monde.

Tu m'as appris à aimer autrement, pas comme tout le monde.

Je sais ce qu'aimer veut dire, maintenant.

Tu m'as aussi ouvert les yeux sur les petits bonheurs de l'existence, comme ces longs petits déjeuners que nous partagions tous les jours à deux, qui duraient plus d'une heure, animés par nos violentes explications. Que c'était bon ! Ces choses qui passent souvent inaperçues, comme ces matins, quand je trouvais, au petit déjeuner – ah ! ces petits déjeuners – une carte avec des mots d'amour dans ma tasse, une petite attention, un cadeau. Toutes les occasions étaient prétextes à une douceur de ta part. Toi-même, tu t'es offerte comme une douceur. Un bonbon.

Je t'ai beaucoup aimée. Adorée même.

L'amour conserve la beauté. Tu es bien séduisante.

*Ils ont de la chance, ces hommes qui partageront avec toi
tous les matins du monde...*

Je pars jaloux. »

Rolando m'avait écouté en observant ma tête,
mes yeux, mes bras, mon ventre, mes pieds... Il m'avait
entendu. Compris. Rien ne lui a échappé.

Quand j'ai eu fini, quand j'ai exprimé la dernière
phrase de mon testament, je me trouvais dans un état second. La musique jouait encore. Rolando s'est approché
et m'a pris dans ses bras. J'ai fondu en larmes. Des larmes
de douceur et de soulagement. Il m'a aidé à m'asseoir sur
une chaise, a pris place près de moi sur le tabouret. Nous
sommes restés un long moment sans parler, à écouter les
dernières mesures de l'œuvre musicale. Quand le silence
est revenu, Rolando s'est mis à parler, doucement.

— Antoine, vous m'avez bouleversé. Vous vous
êtes impliqué avec tout votre cœur dans cette terrible
épreuve. C'est magnifique. Je ne pensais pas que vous
iriez jusqu'au bout.

Il s'est gratté la barbe, réfléchissant.

— Il y a encore quelque chose à faire pour terminer
cette tâche. Cela exige encore un peu de courage de votre
part, a-t-il ajouté, mystérieux.

Silence.

— Allez trouver chaque personne citée dans votre
testament, et lisez-lui le passage qui lui est destiné.
Ainsi, cette épreuve aura-t-elle trouvé sa signification.
Qu'en dites-vous, Antoine ? Trouverez-vous la volonté
d'affronter cette dernière partie ?

Je cligne des yeux. Pendant qu'il parlait, j'ai laissé
vagabonder mes pensées. Je mets un moment pour comprendre la démarche qu'il me suggère. Je lui réponds
sans enthousiasme.

— Au point où j'en suis...

Je regarde ma montre : il est plus de 23 heures.

— Je ne vois pas le temps passer avec vous, Rolando. Excusez-moi, mais je dois rentrer. Bonsoir.

— Bonsoir, Antoine.

Je mets mes chaussures, et sors. Lentement, je traverse la cour. Quand j'atteins le porche, j'entends le son de la viole et du clavecin. Le vieil homme a, lui aussi, des choses à débrouiller. Seul dans son studio.

VIII

J'ai fait ce qu'il m'a demandé : je suis allé voir chacune des personnes concernées, et je leur ai lu avec beaucoup d'émotion ce que j'avais écrit à leur sujet. Cette lecture a provoqué chez elles une interrogation sur le sens de leur propre histoire. Je les avais projetées au terme de mon voyage, ce qui inévitablement les avait rapprochées du leur. Je percevais leur trouble quand elles parcouraient avec moi, mentalement, leur existence.

— Elles ne vous ont pas demandé d'explications sur le fait que vous ayez écrit un testament, à votre âge ? m'a demandé Rolando.

— Si, bien sûr ; elles ont trouvé ma démarche bizarre. J'ai expliqué que je fais le point sur ma vie, et que ce testament m'oblige à affronter les incidents confus, pour les clarifier. Cela leur a suffi, me semble-t-il.

— Et comment chacun a-t-il réagi à la lecture ?

— Je vais vous le danser, Rolando.

Je me suis déchaussé et suis allé me placer au milieu du studio. J'étais prêt. Rolando s'est occupé de la musique puis s'est installé sur une chaise d'où il m'a observé, les bras croisés et les jambes allongées. J'ai reconnu la *Symphonie nº 5*, le quatrième mouvement, de Gustav Mahler.

Et je me suis mis à danser.

C'est ma première femme, Yvette, que j'ai été voir d'abord. Après la lecture du passage qui la concernait, elle m'a regardé un moment en silence, puis elle s'est jetée dans mes bras et a pleuré, longtemps. Mais elle n'a rien dit. C'était la première fois depuis vingt ans que je la tenais dans mes bras. J'ai ressenti dans ses sanglots la vieille souffrance qu'elle exprimait enfin. Je lui ai proposé dc s'en décharger et de me la rendre, car elle m'appartient, cette souffrance. J'ai vu qu'elle ne comprenait pas ma demande, mais elle a dit oui. Nous nous sommes quittés plus légers, avec le sentiment, chez moi, d'avoir guéri des blessures. Quelque chose venait d'être réparé.

Je confie ensuite à Rolando que Nadine, ma femme, a voulu que je lui lise tout le testament, ce que j'ai fait. Elle a manifesté une pointe de jalousie en découvrant qu'après tant d'années, je pensais encore à ma première femme, et que je lui avais réservé une place dans mes derniers moments. Mais elle s'est serrée tendrement dans mes bras, heureuse, a-t-elle dit, de m'avoir accompagné tout au long de mon existence. Cette lecture a encore renforcé la quiétude amoureuse que nous partageons dans le quotidien.

Je danse au vieil homme le sourire de mon frère, son émotion. Il m'a pris dans ses bras, et j'ai senti son amitié tranquille. Il m'a dit qu'il aurait écrit la même chose s'il avait été à ma place. « En somme, nous sommes comme des jumeaux, ou des siamois », a-t-il ajouté en riant.

J'explique ensuite, avec des mouvements plus larges, que mes enfants ont eu du mal à s'imaginer plus vieux, installés dans leur vie d'adulte, ayant leurs propres enfants, alors qu'ils se débattent encore pour sortir de l'adolescence. Ils m'ont écouté avec attention, et m'ont dit que mon texte était beau. Caroline, seule, a versé des larmes lorsque je lui ai avoué mon amour de père. Elle a reçu cela comme un choc. Elle venait d'hériter d'un papa. Pour la vie.

Puis mes gestes se sont faits plus rapides quand j'ai parlé de Georges, mon ami d'enfance. Il m'a serré forte-ment contre sa poitrine de colosse, presque jusqu'à l'étouffement, et m'a promis de commencer à donner des sérénades à qui mieux mieux. Et je pourrai l'accompa-gner, si je le veux, comme un fantôme, et en profiter aussi. J'ai passé une nuit entière en sa compagnie, à plaisanter et à philosopher sur le sens de notre vie, comme au bon vieux temps de l'adolescence où nous allions refaire le monde. On s'est quittés en s'engageant à se voir plus régulièrement à l'avenir.

Ensuite, j'ai encore voulu exprimer par la danse ma difficulté à écrire mon roman. Cela partait dans tous les sens, mes personnages m'échappaient. Je ne croyais pas moi-même à cette histoire de journaliste qui cherche à donner un sens à sa vie. J'esquisse alors, sur la même musique, une arabesque de gestes saccadés, qui devrait faire comprendre au vieil homme mon découragement. Mais je n'arrive plus à synchroniser mes mouvements. Plus j'essaye de rendre ma danse lisible, moins j'y arrive. Mes gestes s'emmêlent, perdent la cadence. Il me semble que ce passage musical ne convient pas, qu'il n'est pas adapté à la circonstance.

J'ai pourtant continué à faire des efforts désespérés pour rendre ma prestation déchiffrable. Puis une pensée m'est venue.

— Ne suis-je pas ridicule ?

À partir de là, j'ai recherché sans cesse le regard approbateur de Rolando, surveillant chacune de mes attitudes, que je trouvais gauches. Mon corps s'était comme enrayé, plus rien ne fonctionnait. Le charme était rompu.

La musique s'est arrêtée. Rolando avait brusquement coupé le son.

Je me tenais au milieu de la salle, dans une attitude empotée.

— Je suis désolé, ai-je dit. Je ne sais pas ce qui s'est passé. J'étais bien dans le mouvement, et puis... cela n'a plus été. Je me suis demandé si mes gestes étaient en accord avec mon propos, et ce que vous alliez en penser...

— La danse se conçoit dans le corps, dit doucement Rolando, en se levant et en exécutant un mouvement fluide.

— ... et pas dans la tête. Au début, vous étiez dans votre corps, car ce que vous aviez à dire était juste. Vous étiez aligné. Dans votre cœur. Après, vous avez cherché à plaire, à réaliser une bonne prestation... La pensée paralyse l'action, Antoine. Nous recevons la vie, et au lieu de la vivre, nous nous demandons si cela en vaut la peine... si nous en sommes capables... Nous palabrons... La vie, comme l'amour, ne se réfléchit pas. Avez-vous jamais essayé de faire l'amour avec votre tête ?

— Non.

Puis je me suis repris :

— Ou plutôt, si, cela m'est déjà arrivé... Au moment ultime, j'ai commencé à me demander si ce que je faisais était bien fait, à épier mon corps pour voir s'il réagissait bien aux caresses, par exemple.

— Et ?

— La machine s'est enrayée.

— Danser, c'est comme faire l'amour. Cela se passe dans le corps. Il faut oublier que l'on danse. Être présent, là, dans la cadence, sans but, sans intention. Plus vous vous efforcez de plaire, moins vous y arriverez. Plus vous vous obstinez à obtenir un résultat, plus le but s'éloignera de vous.

— Mais, Rolando, pour écrire un livre, il me faut un scénario, un plan, je dois savoir où je vais ! Et si je ne suis pas satisfait, je dois le corriger !

— Antoine, décidez d'écrire, et ensuite oubliez la décision. Laissez l'écriture vous guider. Il n'y aura, alors, rien à corriger.

Je ne comprenais pas.

— Excusez-moi Rolando, mais tout cela est obscur. Ce que vous dites est bon pour l'amour ou la danse, mais moi je vous parle de l'écriture d'un livre.

— Vous me parlez d'art. L'art ne se donne que si on l'oublie. Vous ne créez pas, c'est la création qui se construit à travers vous. Laissez les choses se faire, et elles se feront.

— Quand, Rolando ? Je n'ai qu'un petit bout de vie devant moi, vous me l'avez magistralement démontré, au cimetière, et la leçon a porté. Je n'ai plus le temps d'attendre.

— Si vous n'avez pas le temps d'attendre, cela prendra plus de temps encore.

— Alors, que dois-je faire ?

— Apprendre à attendre, Antoine.

— Bon, ai-je dit sans comprendre, et comment dois-je m'y prendre ?

— Écrivez, tous les jours, sans vous préoccuper d'un quelconque résultat.

IX

Chaque jour, j'ai consacré deux heures à l'écriture. Deux heures sans joie. Je ne pouvais pas m'expliquer pourquoi, mais écrire ne m'apportait aucun plaisir, plutôt un profond dérangement. Je n'avais qu'une envie : tout lâcher. Je ne me sentais pas prêt, ce n'était pas le moment, j'avais d'autres activités plus urgentes. Toutes les excuses étaient bonnes pour me soustraire à l'écriture.

Pourtant, j'ai tenu bon, rivé à ma chaise, les yeux fixés sur l'écran de l'ordinateur.

Pour avancer, j'ai décidé de ne plus me relire, par peur du découragement. Je me raconte que je suis un musicien qui fait ses gammes. Voilà ! Je n'écris plus un livre, je m'exerce. Ce subterfuge me console un peu, bien que j'aie constamment l'impression de perdre mon temps.

« À ce train-là, il me faudra quinze ans... Je suis sûr que Victor Hugo ne faisait pas de gammes. » Force m'est de reconnaître que je ne suis pas Victor Hugo, et ne le serai jamais !

« Tu es unique ! » me souffle, sans conviction, une voix timide.

— C'est bien vrai, unique dans la nullité, ajoute une autre voix, sévère.

Mon mental me harcèle sans cesse, sans une minute de répit. Il est devenu mon pire ennemi. Mon destructeur. Je lutte sans cesse contre lui. Ah ! Il est fort !

C'est alors que j'ai remarqué la faiblesse de certains processus proposés en séminaire pour faire taire le Saboteur, cette voix intérieure qui nous empêche d'aller de l'avant.

« Il faut d'abord l'identifier, ensuite, le neutraliser ! » Voilà le genre d'inepties que je cultivais. Plus facile à dire qu'à faire ! Si je sortais gagnant de ce combat avec moi-même, ce dont je doutais, je me suis promis de rectifier certains des exercices, sinon de les supprimer carrément. Je ne peux enseigner à d'autres comment se débarrasser de son personnage limitatif, si je ne l'ai pas moi-même confondu et anéanti.

Je me rendais chez Rolando deux à trois soirées par semaine. Il me recevait maintenant dans son studio. J'avais avec lui de longues discussions sur mes doutes et sur mes difficultés quant à trouver ma raison de vivre. Il m'écoutait aimablement et hochait la tête en grattant sa petite barbiche grise. Un soir, j'ai essayé de lui dire que j'entendais la voix de mon Saboteur me disqualifier, et que je me sentais mal face à cela. Il m'a répondu que je devrais m'exprimer autrement.

— Tous les mots déforment le ressenti. Je ne peux percevoir des sentiments avec des mots, car ils sont altérés par la raison. Au lieu de parler de vos tiraillements, dansez-les !

Sans me faire prier, j'ai ôté chaussures et chaussettes, et me suis lancé au milieu de la salle. Rolando a choisi une musique de Ravel – *Daphnis et Chloé*, la troisième partie, la fin ; il m'a demandé de tenir fermement mes bras derrière le dos comme s'ils étaient ligotés. Le rythme allant crescendo, je devais simuler le combat avec mon Saboteur. Au début, je devais commencer par ployer sous ses attaques incessantes, réagir ensuite avec force, prendre le dessus en libérant d'un coup mes bras de leurs liens, et pousser enfin un cri de victoire.

La lutte a été dure. J'ai dansé pendant une vingtaine de minutes. Rolando me soutenait par des gestes et des cris d'encouragement ; j'ai fini par oublier que je dansais, le combat symbolique s'est transformé en engagement à la vie à la mort. Je pliais sous les coups de l'adversaire, j'étais à genoux, les bras enchaînés derrière le dos, me contorsionnant sans parvenir à me libérer de mes chaînes symboliques.

— Fiche-moi la paix ! Laisse-moi vivre ma vie ! ai-je hurlé à mon Saboteur.

Puis, tout à coup, j'ai entendu un cri strident. Mes bras se sont détachés, et j'ai bondi comme un boxeur qui venait de porter le coup fatal à son adversaire. D'où est venu ce cri ? Qui l'a poussé ? Est-ce moi ? Je ne reconnais pas la violence de ma voix. Je ruisselle de sueur. Sans énergie, mais satisfait. Ai-je détruit mon Saboteur ? Je l'espère, et je n'entends plus aucune voix négative à l'intérieur de moi-même.

— Saloperie, me suis-je entendu marmonner hargneusement, saloperie, je t'ai eu !

Je chancelais, et Rolando m'a tendu une chaise sur laquelle je me suis écroulé, essoufflé.

— Je l'ai eu ?

— Pour cette fois, je crois que oui. Mais l'ennemi est malin, il plie parfois pour revenir à l'attaque par surprise. Soyez sur vos gardes, rien n'est sûr.

— Je l'ai eu, ai-je répété fermement pour me convaincre, rien ne m'empêchera de réaliser mon rêve.

— Reposez-vous un peu, a dit Rolando, je rentre vous préparer du thé. Venez me retrouver quand vous aurez repris vos esprits.

J'ai retrouvé lentement ma respiration normale. En me rechaussant, j'ai remarqué que mes mains tremblaient encore. Je me suis levé tant bien que mal, et j'ai rejoint Rolando chez lui.

J'ai pris place dans « mon » fauteuil. Rolando est venu s'asseoir en face de moi, dans le sien. Il m'a tendu la rituelle tasse de thé.

— D'où est venu ce cri ? ai-je demandé.

— Dans les arts martiaux japonais, on appelle cela le Ki. C'est une sorte d'énergie interne, qui vient du Hara, le centre vital de l'homme, situé à hauteur du bas-ventre. La qualité vibratoire de ce cri est telle qu'il peut paralyser un adversaire.

— Rolando, ai-je dit, vous avez l'air de connaître pas mal de choses ; je suis étonné de ne pas voir de livres chez vous. Vous ne lisez pas ?

— Je ne lis plus. J'ai 92 ans, j'ai donc vécu quelque cinquante années de plus que vous, Antoine. J'ai eu le temps de me noyer dans toutes les lectures du monde. J'en ai mangé, des livres, jusqu'à l'indigestion. Pendant une quarantaine d'années, j'ai cherché chez les grands auteurs des réponses à mes questions. Je pensais que l'expérience des autres pouvait m'aider à comprendre ma vie, ou à avancer plus vite. J'avais la tête plongée dans les ouvrages de philosophie, de psychologie, dans les biographies de gens célèbres. Pendant que je lisais comment m'améliorer, je négligeais ma famille. Un jour, ma femme m'a quitté, emmenant nos enfants. Je me suis retrouvé seul avec ma douleur, mais entouré d'œuvres contenant toute la sagesse du monde. Je les ai repris alors, ces ouvrages remarquables, y trouvant de belles phrases par-ci, des conseils judicieux par-là, mais rien qui aurait pu soulager ma souffrance. À quoi donc me servaient tous ces textes sublimes ? À rien. Un beau matin, au réveil, j'ai tout jeté. Je ne crois plus aux livres. Si je m'en suis sorti, c'est grâce à la danse.

Il s'est tu un instant, puis m'a raconté une histoire zen.

Un moine entre au monastère. Il va trouver le Maître zen et l'interroge.

— Maître, que dois-je faire pour m'ouvrir à l'illumination ?

— Rends-toi à la bibliothèque et lis les livres sacrés, lui répond le Maître.

Le moine passe des jours et des jours à décrypter les livres sacrés. Après sept longues années, il va revoir le Maître.

— Maître, je n'ai pas été touché par la grâce.

— Lis encore, lui dit le Maître.

Le moine passe sept autres années à lire. Puis, il va retrouver le Maître.

— Maître, cela fait quatorze ans que je lis et relis les livres sacrés, et je ne vois toujours rien. Pas d'éclat, aucune lumière. Je suis découragé.

— Voici ce que tu vas faire : tu vas charger le cheval avec les livres les plus gros et les plus anciens de la bibliothèque et tu vas te rendre tout en haut de la montagne, dans le refuge. Là, dans la solitude, imprègne-toi du savoir sacré. Tu ne redescendras que lorsque tu te seras ouvert à la connaissance, pas avant.

Le moine chargea le cheval des plus gros livres du monastère, et prit le sentier qui menait au refuge.

C'était l'été. Là-haut, il ouvrit le premier livre et en

commença la lecture. Puis, lentement, vint l'hiver, avec
la neige et le gel. Pour ne pas succomber au froid, le moine fut
contraint de brûler un par un les livres vénérables. Après avoir
jeté le dernier ouvrage dans les flammes, il s'ouvrit soudain
à l'illumination.

— Une belle histoire, ai-je dit. Cependant, c'est en lisant un livre de psychologie que j'ai eu envie de suivre un séminaire de développement personnel. Grâce à ce stage, j'ai transformé mes propres séminaires pour faire ce que je fais aujourd'hui. Je dois une fière chandelle à Nathalie, ma collaboratrice de l'époque, qui m'avait offert ce livre. Elle a eu la finesse de sentir que je cherchais ma voie. Le livre était une piste, un chemin. À la fin de l'ouvrage, il y avait une adresse, un numéro de téléphone. Cela a été déterminant pour moi. Voilà ce qu'un livre peut faire. C'est un raccourci, je pense.

— Il n'y a pas de raccourci, a répondu Rolando avec le calme d'un professeur. Rien ne remplace l'expérience. « Si tu es affamé, aucun livre de cuisine ne te nourrira », dit un proverbe.

— Mais alors, pourquoi voulez-vous m'aider à écrire un livre ? ai-je demandé, surpris par ces propos. Vous qui ne croyez pas aux livres !

— Ce n'est pas un livre que vous écrivez, Antoine. Votre livre n'a aucun intérêt pour moi. Votre demande est ailleurs.

— Trouver ma raison de vivre ?

— Qui sait ?...

— Peut-être... je ne sais pas... C'est possible... Qui sait... Vous ne répondez jamais fermement. J'ai l'impression de suivre quelqu'un qui ne sait pas où il va. Et moi, j'ai besoin de certitudes.

— Pour cela, il faut commencer par les perdre. Perdre vos repères, vos certitudes, parce que vous en avez, et de fameuses. Vous croyez que votre enfance influence votre vie actuelle, que vous êtes un bon animateur de séminaire mais un piètre écrivain, que vous pouvez ceci et pas cela… Avez-vous jamais pensé que, peut-être, il n'y a pas de certitude ?

— J'en vois au moins une, ai-je dit, c'est que je vais mourir, et ça, Rolando, c'est une certitude absolue ! Et que le temps passe vite, et que j'ai un rêve, écrire un livre. Vous m'avez entraîné dans un labyrinthe où je me suis égaré !

— Vous ne pouvez trouver la sortie sans vous libérer du passé, car vous le projetez devant vous, comme un bouclier. Vous croyez avancer mais vous regardez constamment en arrière.

— Rolando, les processus proposés en séminaire sont destinés à nous affranchir de la programmation de l'enfance. Je vous rejoins donc dans votre raisonnement. Mais le passé a aussi quelque chose de bon, il contient notre personnalité. Sans passé, nous n'existons plus. J'aime mon passé, mon enfance, mes expériences bonnes et même douloureuses. Si j'anime des séminaires, aujourd'hui, c'est grâce à la richesse de mon passé.

— Vous défendez fièrement votre passé comme un étendard, et cela prouve combien vous y êtes attaché. Votre passé est un mur qui vous empêche de voir le présent et le futur. Je n'ai pas dit qu'il fallait oublier son passé. Ce n'est pas possible d'ailleurs. Mais il faut s'en détacher. S'en éloigner. Prendre du recul. Ce n'est pas la même chose.

Les choses me paraissaient devenir de plus en plus confuses.

— On s'enfonce dans le labyrinthe…

— Rappelez-moi ce que disait votre père à propos de votre avenir ?

— Que je devais me trouver un travail dans une banque, la sécurité à vie. Il me répétait cela à longueur de journée. Il aurait été fier de moi si j'avais été un employé.

— Et à propos de l'écriture ?

— Qu'un écrivain est lu – s'il l'est jamais – après sa mort. Et qu'il crèvera de faim toute sa vie. Écrire un livre, ce n'est pas sérieux. Mais je ne l'ai jamais cru, même si je le laissais dire. Je me répétais que moi, j'y arriverais ; mais au fil du temps, j'ai remarqué que je m'éloignais de mon rêve d'enfance, pour assurer la sécurité de ma famille. Ma sécurité, devrais-je dire, car c'est de moi qu'il s'agissait ; ma famille, c'était le bon prétexte. Je veux rattraper le temps perdu. Je sais aussi que la sécurité n'existe pas, que tout peut arriver. Tout ce qu'il faut savoir, je le sais, mais cela ne m'aide pas à avancer.

— Où désirez-vous aller, Antoine ?

— Je ne comprends pas.

— Quelle est votre destination ?

— Je veux écrire ce livre, donner un sens à ma vie.

— Où êtes-vous, maintenant ?

— Nulle part, dans le chaos.

— Et si vous acceptiez de partir d'ici, du chaos, et non du passé ? N'est-ce pas ici et maintenant que se situe votre situation de départ ? Alors, partez d'ici. Et allégez-vous du passé, vous irez plus vite.

— Je n'ai pourtant pas l'impression que le passé me gêne, Rolando.

— Quelles sont les fleurs qui plaisent à vos parents ?

— Je ne sais pas, ai-je dit, surpris par la question. Quand j'offre des fleurs, je laisse la fleuriste choisir pour moi. Quant à mon père, je ne lui ai jamais offert de fleurs.

— Renseignez-vous, achetez une fleur pour chacun d'eux, et venez me retrouver demain au cimetière, vous connaissez le chemin.

— Vais-je enterrer mes parents ?

Il s'est levé, et j'ai fait de même.

— Vous allez danser, a-t-il répondu.

Le lendemain matin, j'ai téléphoné à mes parents, et me suis renseigné sur leurs fleurs préférées, sans donner d'explication. Ensuite, je me suis installé devant l'ordinateur.

La bataille avec l'écriture peut reprendre. Ma difficulté majeure est le style, ou plutôt le manque de style, pour être précis. Ce que j'écris est plat, sans relief. Plus j'aligne de phrases, plus elles me paraissent fades. Pire, au fil des événements, les personnages me filent entre les doigts. Ils dialoguent tout seuls, je les entends parler, et je me borne à transcrire leurs propos. L'intrigue, elle aussi, prend une tout autre route. Une trame se dessine, sans que je l'aie vraiment désiré... Cette histoire de journaliste à la recherche du sens de sa vie s'effrite de plus en plus. Étonnante, cette rencontre avec une collègue qui l'encourage dans sa recherche ! Sans que je sache pourquoi, ni comment, l'histoire s'articule toute seule ! Peut-être à cause de l'absence d'un plan détaillé, d'une route précise, d'une bonne préparation ? Oui, ce doit être ça, le manque de préparation.

X

Je suis arrivé au cimetière avec une branche de lilas et un œillet. Allais-je devoir inhumer mes parents ? Aïe ! Ai-je pensé en passant le portail, encore quelques nuits blanches en perspective… Machinalement, je me suis rendu à l'endroit où j'avais aperçu Rolando la dernière fois. Personne. J'ai examiné les alentours ; l'endroit paraissait vide, « sans vie », ai-je pensé en m'amusant de ce jeu de mots. Plutôt que de l'attendre sur place, je me suis mis à flâner dans les allées, en m'arrêtant devant les sépultures, à lire les épitaphes.

La majorité des inscriptions traduisaient la douleur d'avoir perdu un être cher.

Au détour d'une chapelle funéraire, je suis tombé sur une simple dalle de granit dont le texte m'a frappé.

Ceux qui dansent sont traités de fous
par ceux qui n'entendent pas la musique.

— On finit toujours par rencontrer ce qui nous parle, n'est-ce pas Antoine ?

J'ai failli crier, tant il m'avait surpris. Le vieil homme était là depuis quelques instants.

— Rolando !

Il m'a pris dans ses bras.

Sachant maintenant de quoi il était capable, j'avais une boule dans le ventre.

— Qu'avez-vous prévu pour moi, cette fois ?

— Détendez-vous, Antoine. Aujourd'hui, vous allez tourner une page importante du passé, en vous dissociant des injonctions parentales. Vous avez choisi cette tombe ?

— Je n'ai rien choisi du tout, c'est par hasard…

J'ai interrompu ma phrase et me suis mis à rire.

— Oui, ai-je dit, j'ai choisi cette tombe.

— Vous enterrez vos parents aujourd'hui, Antoine. Vous leur annoncerez que vous vous donnez la permission de suivre votre propre chemin et non celui qu'ils ont tracé pour vous. Ensuite, recueillez-vous un instant devant eux. Peut-être entendrez-vous une mélodie surgir du lointain… Exprimez votre nouvelle liberté en vous laissant couler dans le rythme.

Je reste debout devant la tombe, la gorge serrée. Il fait plein soleil. Soudain, en l'espace de quelques instants, les nuages obscurcissent le ciel. Le vent se lève. Un souffle fort et violent. J'ai le sentiment qu'il va pleuvoir, exactement comme le jour où j'ai simulé mon propre enterrement. Des bourrasques soulèvent la poussière, et je me rappelle en avoir reçu dans les yeux.

Je dépose mes fleurs sur la sépulture présumée de mes parents, puis je me tiens droit, immobile. Le ciel est noir maintenant. Il pleut. J'ai de l'eau sur le visage. Le vent souffle en rafales. J'entends distinctement des rythmes émerger des profondeurs du néant, une musique qui ne m'est pas inconnue, des sons entendus dans l'enfance. Je distingue la lyre et le santouri, deux instruments à cordes que des amis de mes parents apportaient certains jours de fêtes grecques, enveloppés précieusement dans une couverture. Ces jours-là, ma mère servait l'ouzo et les mezze qu'elle cuisinait depuis deux jours. La maison sentait le cumin, l'ail et l'agneau grillé. Les enfants que nous étions jouaient à la guerre; nous nous pourchassions partout dans la maison. Le père qui reconnaissait l'un des siens l'attrapait au vol et lui flanquait une raclée qui devait lui apprendre les bonnes manières.

Quand l'alcool avait échauffé les cœurs, les hommes déballaient soigneusement leurs instruments de musique, se levaient à tour de rôle et entamaient un mouvement masculin, vigoureux et viril. J'ai souvent entendu cette complainte, elle fait partie de mon patrimoine. Peut-être mon père a-t-il dansé sur ce rythme le jour de ma naissance.

Et là, dans ce cimetière, aux obsèques de mes parents, je reconnais cet air, venu d'un lointain village grec. Je suis rempli d'une émotion intense. Je sens que je vais éclater en sanglots. Je comprime ma gorge pour retenir mes larmes. Alors, je fais comme ces hommes grecs. Je prends possession de mon corps en bougeant avec vigueur, en poussant des cris sauvages, en tapant des pieds, en sautant, une main touchant le ciel et l'autre frappant mes pieds. Dans ces soubresauts primitifs, mon corps a des ailes. Je me mets à parler.

«*Papa, ai-je commencé, te voilà parti. Je te remercie pour tout l'amour que tu m'as donné. S'il est un cadeau que tu m'as fait, c'est de m'accepter comme j'étais. Tu avais peur de la vie. Tu m'as transmis ton besoin de sécurité.*

Même si je n'ai pas réalisé tes ambitions, tu étais heureux que je sois moi-même. Une des choses dont je me souviendrai, c'est que tu as toujours été bon et positif envers la vie. Je ne t'ai jamais entendu te plaindre, toi l'ouvrier qui a passé son existence à trimer dans les mines de charbon pour nourrir ta famille. Ta vie a été d'élever tes enfants, et tu as composé avec cela. Jamais tu n'as cherché à être quelqu'un d'autre. Quelle belle leçon ! Je voudrais encore te dire que tu as été le plus gentil papa de la terre. Je t'aime. Je suis si triste que tu t'en ailles, il y a tant de choses que nous aurions pu faire ensemble. Aujourd'hui est un jour de deuil mais aussi de commencement : je me permets de prendre la liberté de vivre ma vie. Pour moi, cette fois. Il est temps.

Adieu, Papa. »

Puis je me suis adressé à ma mère.

« Maman, dans mes séminaires, je vois beaucoup de gens se plaindre de leur mère, leur en vouloir parce qu'elle n'a pas été parfaite. Il y a eu des erreurs et des manques, bien sûr, dans la façon dont tu m'as élevé. C'est bizarre, mais je ne me souviens que des bons moments. Tu as travaillé, travaillé pour nous faire grandir. Tu as même oublié de vivre pour toi. Une maman sacrifiée. Tu ne me manqueras pas, car toi, ma maman, tu es une partie de l'homme que je suis maintenant. Tu m'as porté neuf mois, je te porterai toujours. Et que tu m'aies bien éduqué ou pas, cela n'a aucune importance par comparaison avec le trésor inestimable que tu m'as offert un jour : la vie.

Merci, Maman. »

Le calme est descendu en moi, j'ai senti ma poitrine monter et descendre sous l'effet de ma respiration. Mes joues étaient en feu. Dans mes veines coulait la vie. J'étais radieux, palpitant d'énergie, plein d'une joie paisible. Le vent était tombé, le ciel s'était éclairci, le soleil de mai réchauffait timidement les tombes mouillées. Les fleurs et les couronnes s'étaient dispersées dans les allées. Un arc-en-ciel traversait l'espace, au-dessus du cimetière.

J'ai cherché Rolando du regard. Il avait disparu. Il m'avait laissé seul. J'ai pris le chemin de la sortie.

Une épitaphe ciselée dans le marbre d'une sépulture a attiré mon attention.

Cela ne rapporte rien de vivre dans le passé.
Il n'y a pas d'avenir dedans.

Je me suis mis à marcher plus vite, les épaules relevées, la tête haute. Je me sentais léger, j'aurais pu planer. Je suis repassé par la petite porte. Je l'ai refermée en la claquant violemment derrière moi.

XI

Pendant les semaines qui ont suivi, j'écrivais le matin, et le soir, j'allais rendre visite à Rolando. Nous discutions des choses de la vie.

Quand je lui posais une question, il me dansait la réponse. Quand j'avais quelque chose d'important à lui confier, c'est moi qui me levais, et m'exprimais en dansant. La danse faisait maintenant partie intégrante de ma vie. Je dansais à propos de tout. Chez moi, lorsque j'avais du mal à écrire, je dansais. Les séminaires avaient considérablement changé dans leur forme, il y avait moins de processus intellectuels, d'explications, de partages et de blabla inutiles. L'expression corporelle complétait avantageusement les processus verbaux. Les participants communiquaient différemment, sans passer par le mental. Les résultats m'étonnaient. Pendant des années, j'avais tenté de clarifier par les mots les situations inextricables dans lesquelles nous nous enlisons sans le savoir. Au fond, nous comprenons nos problèmes, mais continuons à vivre sans pouvoir dénouer ce que nous avons pourtant parfaitement analysé avec la tête. En travaillant aussi au niveau du corps, les gens sentent un véritable changement s'accomplir en eux : des nœuds se délient, des problèmes se résolvent, des ressentiments s'épongent. Les processus dansés ne passent plus par le filtre du raisonnement, et donc ils touchent au but en communiquant l'essentiel à l'inconscient. Après le séminaire, les gens s'adaptent même plus aisément aux circonstances de leur vie, sans vouloir savoir pourquoi. Par mon nouveau comportement, moins directif, j'installais plus de souplesse et de lâcher-prise dans les groupes. Je me sentais plus à l'aise, quelle que fût la situation. Mes résistances s'étaient volatilisées, elles aussi. Les participants me sentaient présent, ici et maintenant, en contact avec eux, dans la salle et non dans la tête. Quand je ne comprenais pas quelqu'un, j'observais son corps, plus révélateur que ses mots.

L'écriture de mon roman évoluait. J'éprouvais cependant encore énormément de difficultés. Je ne pouvais éviter la comparaison avec des auteurs reconnus, et je me créais ainsi les pires scénarios catastrophes : mon roman était refusé par les éditeurs... Si j'osais imaginer qu'un d'eux le publie, je voyais le livre éreinté par les critiques et soldé chez les bouquinistes où il allait moisir, oublié avant même d'exister. Le drame. J'avais peur de ne pas m'en remettre, de vieillir dans les regrets d'écrivain raté. Ces pensées me paralysaient et j'avais encore plus de mal à écrire. Cette histoire de journaliste m'échappait tout à fait. Je me surprenais, alors, à me lever et à danser. J'entrais dans mon corps, l'énergie revenait et je repartais pour quelques jours, à faire des gammes.

Mes soirées avec Rolando se clôturaient par la lecture des pages écrites les jours précédents. Il écoutait attentivement, sans interrompre. Pour une raison qui m'échappait alors, il ne portait aucun jugement sur mon travail, ce qui augmentait encore mes doutes sur mon talent présumé. Si ce manuscrit avait quelque valeur à ses yeux, ne devait-il pas m'encourager ? Cependant, toute sa personne restait inexpressive. Je trouvais le vieil homme dur, sans cœur, sans générosité. Quelques mots de soutien auraient été les bienvenus. Son attitude neutre et froide troublait la quiétude de mon sommeil. Des démons intérieurs hantaient mes nuits. Je luttais sans fin avec mes personnages avant de m'endormir, épuisé. Le matin, exténué, je n'avais qu'une envie, effacer de l'ordinateur tout ce qui était déjà rédigé. Je me retenais in extremis, me rappelant que « je ne faisais que des gammes ».

Au fil des mois, ma complicité avec Rolando s'est muée graduellement en un sentiment plus solide. Mes visites chez lui le soir, après mes journées de travail, représentaient des moments de douceur. Une ou deux fois par mois, je m'éloignais pour un séminaire. Les retrouvailles, après ces quelques jours d'absence, m'enchantaient. Je lui racontais certains faits marquants vécus pendant les stages. Quand j'intellectualisais trop, et qu'il ne comprenait pas – ou faisait semblant de ne pas comprendre –, il me demandait de danser, ce que je faisais avec plaisir. Lui, de son côté, me racontait ses journées paisibles au cimetière, les gens qu'il avait rencontrés, soutenus, consolés. Il me décrivait en détails la façon dont il nettoyait « parfaitement » les sépultures et les allées.

— Ma vie personnelle a subtilement changé, lui ai-je confié un soir, mais je ne peux vous dire comment. Les contacts avec ma famille et mes amis se passent à un autre niveau. Je les touche davantage, je les écoute et les accepte tels qu'ils sont. Quand ils me parlent, j'écoute le cœur, et non la tête. J'ai la certitude que l'on se comprend mieux. Ils me voient plus serein, moins angoissé. Je suis encore inquiet, je n'aime pas mon roman. Cependant je m'y consacre à fond ; parfois j'ai l'impression de stagner et même de régresser. Il m'arrive d'écrire un paragraphe qui me plaît ou un dialogue qui sonne juste, mais pour une belle phrase, j'en écris cinquante qui ne valent rien. Je m'investis dans l'effort, pourtant. Je me bats contre les mots, les idées. L'idéal serait de rencontrer quelqu'un qui connaisse l'art d'écrire, qui puisse me donner un conseil. Vous m'avez transmis l'élan irrésistible de créer, mais il me manque la technique. Et pour l'instant, c'est de cela que j'ai le plus besoin.

J'observais Rolando du coin de l'œil, j'avais peur de l'avoir blessé.

— Lisez-moi ce que vous avez écrit, a-t-il dit.

J'ai pris mes feuilles imprimées, et me suis mis à lire, sachant cependant qu'il allait me frustrer par son mutisme volontaire.

On retrouvait des lettres et des enveloppes partout dans la maison. Le bureau du journaliste ressemblait à un champ de bataille. Il passait son temps à lire des lettres, puis il les abandonnait là où il les avait lues. Martine, sa femme, après avoir essayé de réagir, avait abandonné toute idée de rangement. Elle lui avait signalé que toute lettre ou enveloppe qui traînerait hors de son bureau volerait à la poubelle. Et elle exécuta sa menace, ce qui le mit dans tous ses états. Il se décida alors à classer ses documents par ordre d'arrivée. Il passait un temps fou à en rechercher certaines dont il avait besoin pour rédiger un article. Ses enfants lisaient tout haut celles qu'il laissait encore traîner. Ils avaient dix-neuf et vingt et un ans et, imitant leur mère, se moquaient de tous les malheurs qu'ils trouvaient dans son courrier. Van Waeleghem, prenant son rôle au sérieux, leur interdisait de lire ces textes, par respect pour ses lecteurs.

— Par respect pour tes lecteurs, tu n'as pas à les laisser traîner, répondait alors sa femme.

Elle lui reprochait de s'être éloigné de la famille. On ne pouvait plus lui parler. À table, il mangeait avec un tas d'enveloppes à côté de son assiette. Il faisait semblant de s'intéresser aux discussions, mais attendait que cela se termine pour reprendre sa lecture. Il était ailleurs. Il ne s'intéressait plus qu'à ses lecteurs, qui le remerciaient comme s'il était le bon Dieu. Combien de temps cela allait-il encore durer ? Quand allait-il revenir à ses proches ? « Ça lui monte à la tête », disait sa femme à ses amis.

C'était son travail, ils auraient dû comprendre, se disait-il. Comment pouvait-il se concentrer dans ces conditions ? Il avait besoin de calme chez lui, qu'on le laisse un peu tranquille.

Le livre que sa collègue Nicole lui avait prêté, errait depuis deux mois partout dans la maison. Il allait s'y mettre, et il l'emmenait d'une pièce à l'autre, où il finissait par l'oublier.

— Qu'est-ce que je fais de ce bouquin ? lui lançait Martine de temps à autre.

— Laisse-le là où il est, j'en ai besoin pour mon travail, répondait-il.

Ce livre traînait aussi dans sa tête. Il se sentait obligé de le lire. Quand il rencontrait Nicole, dans un couloir du journal, il hésitait sur la réponse qu'il donnerait à la question de savoir si cette lecture lui avait plu... Mais elle ne demandait rien. Peut-être qu'elle l'avait oublié. Chose curieuse, lui qui aimait tant la lecture avait du mal à s'y mettre. « On change avec l'âge, se disait-il. Autrefois je lisais pour apprendre la vie, maintenant je sais qu'elle n'est pas dans les livres. » N'importe quelle réflexion était bonne pour éviter d'ouvrir ce fameux bouquin. « Quel nom, quand même ! La Programmation Neurolinguistique ! Qui aurait envie de lire un livre scientifique ? » Chaque fois qu'il l'ouvrait, il tombait sur des signes géométriques, et il le refermait bien vite. Il le reprenait un peu plus tard ou un autre jour, le feuilletait dans tous les sens sans en lire une ligne, et puis il l'abandonnait dans un autre coin de la maison.

Un matin, alors qu'il cherchait l'inspiration, il ouvrit machinalement le livre et s'arrêta sur le titre d'un chapitre : LE RECADRAGE, « Les choses ne changent pas. Tu changes ta façon de regarder, c'est tout. » C. Castaneda. « C'est bien vrai, dit-il tout haut, voilà la réponse que je cherchais pour ce jeune imbécile ! » Car il recevait presque tous les jours une lettre de conseils, parfois d'insultes (Tiens ! Donner un conseil pourrait être ressenti par celui qui le reçoit comme une insulte, intéressant, il fallait qu'il note cela) de la part d'un jeune déséquilibré qui lui dictait sa façon de rédiger ses articles. Il lui reprochait de donner trop de conseils, de faire de la morale. Et lui, que faisait-il en lui écrivant cela ? Les gens ne se rendent pas compte de ce qu'ils disent, ils feraient mieux de se relire avant d'envoyer de telles missives. Mais Laurent Van Waeleghem tenait sa réponse, il allait s'occuper de lui, et lui clouer le bec. Il allait lui montrer où était son erreur. Ce n'était qu'une façon de voir, rien d'autre. Il allait lui présenter les choses sous un angle différent. Les choses ne changent pas, c'est la façon de voir qui change. Le monde n'est donc ni blanc, ni noir, tout dépend de la façon dont on le perçoit. Et chaque personne voit les choses selon le filtre mis en place par son éducation. Si l'on ne peut changer le monde, on peut changer sa façon de le regarder, et alors le monde change ! Formidable !

Au lieu d'écrire son article, Laurent Van Waeleghem plongea totalement dans le livre. Il lut six heures d'affilée. Quand les enfants rentrèrent de l'école, il se retira dans un coin pour ne pas être dérangé. À dix-neuf heures, Martine l'appela pour le dîner. C'est seulement alors qu'il reprit contact avec la réalité. Il prit place à table comme un zombie. Il avait lu d'une traite les deux cents pages de l'ouvrage, et avait relu plusieurs

138

fois certains passages. C'était la première fois qu'une lecture l'absorbait tant.

— J'ai lu un livre extraordinaire, dit-il à table. Savez-vous que nous sommes programmés ? Nous avons l'impression d'être libres, de choisir librement nos vêtements, nos loisirs, nos amis. Nous croyons même être libres de penser, mais en fait, chacun de nous agit presque comme un automate. Ce qu'il fait, ce qu'il pense, ce qu'il dit, ce qu'il aime, tout lui est dicté par son expérience passée. Où est le libre arbitre là-dedans ? Nulle part. Nous sommes programmés ! C'est extraordinaire de savoir cela !

— Qu'est-ce que cela a d'extraordinaire ? demanda Anne, sa fille.

— C'est plutôt désespérant, ajouta son fils.

— Cela nous libère ! dit Laurent Van Waeleghem enthousiasmé par ce qu'il venait de découvrir. Savoir que nos peurs, nos angoisses, notre stress par exemple, ne sont que des programmes que nous répétons. Nous ne connaissons rien d'autre, nos parents, amis ou expériences personnelles nous ont coincés là-dedans. D'autres ont eu la chance d'avoir été programmés positivement, leurs parents, amis ou expériences les ont aussi coincés dans un programme, mais c'est un programme agréable. Dans ce cas, il n'est pas utile de changer un programme qui nous fait du bien, mais nous pouvons modifier ce qui nous limite dans notre vie. Je ne sais pas si je suis clair…

Cela veut tout simplement dire, et c'est le titre du livre que je viens de lire, que nous sommes les créateurs, les magiciens de notre vie. Si ce que nous voyons ne nous plaît pas, hop ! il suffit de changer de lunettes, c'est-à-dire de programme, et notre vie change…

Laurent Van Waeleghem arrêta de parler, une forte émotion intérieure l'envahit. Il sentit venir les larmes. Il allait pleurer. Il se retint de respirer.

— Je suis très ému, dit-il.

Sa famille ne l'avait jamais vu dans un état pareil. Ils s'arrêtèrent de manger. Ils ne comprenaient pas comment de simples idées pouvaient l'avoir remué ainsi.

— Cela touche quelque chose en moi, expliqua-t-il. Lorsque j'étais enfant, je caressais le rêve de devenir un grand écrivain. Au fil du temps, j'ai rangé mon rêve dans un tiroir et je me suis donné comme excuses les responsabilités, la famille, le travail. Mon père me répétait régulièrement qu'écrire, ce n'était pas un métier, que les écrivains mouraient tous dans la misère. Il voyait mon rêve au travers de sa propre éducation, de ses propres peurs qu'il a réussi à me communiquer. Il voulait que j'obtienne une situation stable dans un bureau, dans une banque, la sécurité. En entrant au journal, après mes études, c'est ce que j'ai fait. Mais ce n'était pas mon rêve à moi que j'accomplissais, c'était le sien. C'est bon de découvrir que je suis le responsable de ma vie, et que j'ai le pouvoir de changer ce qui ne me plaît pas, même à 46 ans. Jusqu'à présent, j'ai vécu pour les autres ; à présent, je vais m'occuper de moi.

Sa femme et ses enfants échangeaient des regards, en silence. Ils ne comprenaient pas ce qu'il voulait dire. Il avait vécu pour les autres ? Pour quels autres ? Est-ce que sa famille faisait partie des « autres » ?

— Je ne sais pas encore comment, dit-il, mais je compte mettre de la magie dans ma vie.

Nous sommes restés un moment silencieux. Nous n'entendions que les bruits de la rue. Rolando se grattait la barbe en hochant la tête. Mon intuition m'a soufflé qu'il allait énoncer quelque chose d'important. Il a pris une petite inspiration, a toussoté pour s'éclaircir la gorge.

— Antoine, nous allons espacer nos rencontres. Il est temps maintenant pour vous de sortir de votre zone de confort, d'étirer votre mental, d'élargir votre vision du monde, de vous permettre d'occuper plus d'espace dans votre vie.

— Dans quel but ? ai-je demandé, craintif.

— Comme pour Laurent Van Waeleghem, dans votre roman. Pour mettre de la magie dans votre existence. Rentrez chez vous, continuez votre vie, écrivez, donnez des séminaires. Je vous téléphonerai un jour. Mais j'ai besoin que vous me fassiez la promesse d'exécuter exactement ce que je vous demanderai, le moment venu. Je dois avoir votre promesse maintenant.

J'ai promis. J'avais appris à ne plus négocier. Ce que le vieil homme m'avait poussé à faire jusqu'ici avait enrichi ma vie. J'approchais du but, je le sentais, il ne me manquait qu'un signe. Et puis, qu'avais-je à perdre ? Je me sentais coincé : mon roman n'avançait pas dans la direction voulue. Le sens de ma vie s'éloignait de mon horizon. Mettre de la magie dans ma vie ? Qui aurait pu refuser une offre aussi séduisante ?

Début juillet, je me suis rendu en Grèce pour animer des séminaires, sur l'île de Samos, durant deux mois. Les stagiaires étaient des Français, des Belges et des Suisses. Nous travaillions en salle le matin, et faisions la sieste l'après-midi. Quand le soleil se faisait moins brûlant, nous nous retrouvions sur une plage déserte, où nous dansions jusqu'au coucher du soleil. La soirée s'organisait dans une taverne face à la mer. Nous vivions la musique, le partage et l'amitié. Le bonheur ! Les mois d'été se sont écoulés ainsi, sans que j'aie de contacts avec Rolando.

Je suis rentré en Belgique début septembre. J'avais hâte de retrouver le vieil homme, et j'attendais nerveusement qu'il me contacte. J'avais deux choses à lui confier. La première était que j'avais arrêté l'écriture de mon roman. À cause de mon voyage en Grèce, j'avais rompu mon rythme de travail et n'avais plus envie d'écrire quoi que ce soit. Je n'osais même plus allumer l'ordinateur de peur de tomber sur mon texte et de le relire. Je n'étais pas un écrivain, voilà tout ! La deuxième chose était que le sens de ma vie m'échappait tout à fait. Je n'arrivais pas à définir ce que je voulais, malgré tout ce que j'avais déjà entrepris. Ma raison de vivre ? Cela voulait dire quoi, au juste ?

Un jeudi soir, le téléphone a sonné.

— Rolando ! ai-je pensé, intuitivement. J'ai décroché fébrilement.

— Antoine ?

C'était sa voix. Je ne lui ai pas laissé le temps de parler :

— Rolando, je suis si heureux de vous entendre ! J'ai hâte de vous revoir. J'ai tellement de choses à vous raconter. Où êtes-vous ?

— À l'étranger. Je vous donne rendez-vous ce dimanche à six heures du matin, à Venise, sur le pont Paglia, à côté du palais des Doges, à quelques pas de la place Saint-Marc. Bon voyage, Antoine.

J'ai entendu un déclic. Il avait raccroché.

À Venise, en Italie, dimanche, à six heures du matin ? J'anime un séminaire à Lille lundi, je ne peux me rendre à Venise. Et puis, était-ce bien lui ? Ce ne peut être que lui. Pour une raison qui m'est restée inconnue, j'ai gardé nos rencontres secrètes. Ni mes amis, ni ma famille, ni mes relations professionnelles ne connaissent l'existence de Rolando. À Venise, dimanche matin ? Que vais-je dire à ma femme ? Et ce jour-là, nous fêtons l'anniversaire de mon fils Raphaël... Il est hors de question que je me rende en Italie !

— Qui était-ce ? a demandé Nadine.

— Écoute, lui ai-je dit, contrarié, j'aimerais que tu me laisses faire sans poser de questions. J'ai un rendez-vous important à Venise, dimanche matin à six heures.

C'est essentiel pour moi. Je t'expliquerai tout cela plus tard. Il va falloir reporter l'anniversaire de Raphaël.

J'ai entendu tout ce que qu'un homme doit entendre en pareille occasion de la part de sa femme. N'aurais-je pas réagi de la même façon, si elle m'avait annoncé un voyage secret à Venise, le jour de l'anniversaire de Caroline ? Plusieurs fois, j'ai été sur le point de lui assurer que je n'irais pas, mais j'ai résisté. J'ai trouvé toutes les excuses du monde pour faire marche arrière, et c'est justement pour cela que j'ai tenu bon. J'en avais assez de reculer ! Voici peut-être l'occasion de mettre de la magie dans ma vie !

J'ai atterri à Venise le samedi soir, vers dix heures. Dès la sortie de l'aéroport, je suis tombé sous le charme de cette ville. Troublé. Ému. J'ai cru que mon impression était due à mon arrivée nocturne sous la pluie, et au mystère qui entourait mon rendez-vous insolite. Mais non, par la suite j'ai organisé moi-même d'autres escapades à Venise. Chaque fois, le charme opérait avec la même intensité. Je suis un amoureux inconditionnel de la plus belle ville du monde.

Je suis monté dans un canot-taxi, et j'ai pris place dans la cabine intérieure. Je regrettais le mauvais temps qui m'empêchait de découvrir la lagune à découvert.

— Hôtel Bauer Grünwald ! ai-je dit au chauffeur.

Je me suis blotti contre la banquette, à l'abri du vent et de la pluie. Je ressentais les à-coups du canot contre les vagues. J'étais bien. La pluie ruisselait sur les carreaux couverts de buée. Je n'ai rien vu de la traversée ce soir-là.

Le taxi a accosté directement au quai de l'hôtel. J'avais insisté pour obtenir une chambre au dernier étage, avec vue sur le Canal Grande. Je suis monté rapidement. Après avoir jeté mon sac de voyage sur le lit, j'ai ouvert la fenêtre toute grande, émerveillé. Au travers de la pluie, je ne pouvais apercevoir que les reflets des vaporetti éclairés sur l'eau. J'étais excité comme un enfant dans un parc d'attractions. Je ne sais toujours pas ce qui m'a mis dans un état pareil, Venise ou ce rendez-vous extraordinaire avec Rolando…

Je m'étais procuré le guide de voyage Berlitz sur Venise, et je m'étais juré de trouver le temps d'aller prendre un Bellini au Harry's Bar, le célèbre bar américain fréquenté par les artistes du monde entier, notamment par Ernest Hemingway et Truman Capote, deux de mes auteurs préférés. Je m'y suis rendu en zigzaguant sous la pluie. Je me souviens d'un petit établissement bondé de monde, à l'atmosphère enfumée. Je me suis enfui, et engouffré dans la première trattoria dont la terrasse couverte donnait sur le Canal Grande. J'y ai dîné tranquillement en regardant passer les bateaux.

J'ai décidé de visiter la ville le lendemain, après mon rendez-vous avec Rolando, en espérant que le temps serait meilleur. Passionné comme je l'étais par ce périple, j'ai mal dormi cette nuit-là.

Il est difficile d'expliquer avec des mots la magie d'un rendez-vous à Venise, place Saint-Marc, à six heures du matin. C'est une expérience qu'il faut vivre. La place, à cette heure, est complètement vide. Seuls les pigeons sont déjà en activité. Je l'ai traversée pour me rendre sur le pont Paglia, situé devant le pont des Soupirs, près du palais des Doges. La nuit avait lavé les monuments à grandes eaux. Il faisait encore humide. Il allait faire beau, je ne voyais aucun nuage. Regroupées au bord de l'eau, les légendaires gondoles recouvertes d'une bâche noire s'éveillaient d'un sommeil agité.

En approchant de mon lieu de rendez-vous, j'ai aperçu une ombre immobile sur le pont. Ce devait être mon Rolando. Je l'ai reconnu à son éternelle gabardine et à son bonnet de laine coloré.

Nous sommes tombés dans les bras l'un de l'autre.

— Rolando, c'est magnifique, ai-je dit en contemplant le soleil qui émergeait de la mer, les réverbérations rougeâtres de la lumière sur les bateaux tandis que Venise la romantique s'étirait paresseusement.

— Venise est une ville envoûtante, a dit Rolando.

Nous sommes restés un long moment en silence, savourant le spectacle du jour naissant. Mon cœur battait follement devant ce tableau vivant dont je faisais partie intégrante. «Je vis un moment d'éternité», ai-je murmuré.

C'est moi qui ai rompu le charme :

— Pourquoi m'avoir donné un rendez-vous à Venise, Rolando ?

D'un geste, il balaie l'horizon.

— Il fallait que vous voyiez cela.

Je n'en crois pas mes oreilles.

— Vous m'avez fait venir jusqu'ici pour voir le lever du jour ? Vous savez ce que m'a coûté le voyage, Rolando ?

— Manquer ce spectacle vous aurait coûté bien plus cher. Puisque vous désirez rentabiliser votre déplacement, je vous propose de danser la beauté du *Sens de Votre Vie* sur ce pont, face à la mer. Antoine, comprenez bien ceci : vous êtes dans la plus belle salle de danse du monde !

Je soupire, les épaules basses, contrarié. De dessous sa gabardine, je le vois sortir un lecteur de cassettes portable.

— J'ai apporté la musique, dit-il d'un ton enjoué, comme un gamin qui fait une blague. Il pousse sur un bouton, et j'entends la Callas interpréter *La Wally de Catalani*, l'acte 2.

— Allez-y, chuchote Rolando.

Je résiste.

— Je n'ai pas encore trouvé le sens de ma vie.

— Faites comme si vous l'aviez trouvé, me souffle-t-il. C'est la même chose.

Je sais ce que Rolando veut ouvrir en moi. Je mène une vie tellement raisonnable, faite de « Pourquoi ? » et de « À quoi ça sert ? » Quand vais-je abandonner ces questions stériles ? Quand vais-je enfin me débarrasser de ma raison et faire les choses, tout simplement ?

Le soleil est presque hors de l'eau. Je suis ébloui par la beauté du moment. « Vas-y, Antoine, cet instant est unique », ai-je murmuré.

Je fais un pas en avant, lève les bras vers la mer et me laisse porter par la voix lyrique de la Callas. Dès les premières notes, je m'envole. En larmes. Il est quasi impossible de ne pas être saisi d'émotion dans ce spectacle sublime dont on est le héros. Faites-en l'expérience, procurez-vous cette œuvre musicale, fermez les yeux, imaginez-vous à Venise au lever du jour et, en mouvements, célébrez la beauté de votre vie.

Quelques Vénitiens qui commencent leur journée s'arrêtent, intrigués, pour me regarder. Je les ignore. Lentement, les mouvements s'accentuent. Après quelques instants, j'accède à cet état particulier que je connais bien, un état de conscience modifiée, où la perception du temps n'est plus la même. Le temps est fixé dans l'éternité.

Quand je reprends mes esprits, le soleil est haut sur l'horizon. Je dois avoir dansé pendant une vingtaine de minutes. Un attroupement de curieux s'est formé autour de moi, qui applaudissent. Je leur fais une petite révérence, et cherche Rolando du regard. Mais comme à son habitude, il a disparu, me laissant seul. Je sais que je ne le trouverai pas. Alors je m'accoude à la balustrade du pont, face à la mer, et reste ainsi, contemplant l'horizon.

J'ai glorifié le sens de ma vie, à Venise, au lever du jour !

XII

Quand Nadine m'a demandé ce que je suis allé faire à Venise, je ne lui ai pas répondu tout de suite. Que lui dire ? Que je suis allé danser pendant vingt minutes devant le palais des Doges ? Hors du contexte, cela n'a pas de sens. Je lui ai expliqué que je suis en train de préparer un nouveau séminaire intitulé « Va au bout de tes rêves ! », dont je lui réserve la surprise.

Et c'est vrai. Les surprenantes expériences vécues avec Rolando ont transformé ma vision du monde. L'idée de construire un séminaire sur cette base s'impose lentement.

Rolando m'a téléphoné quinze jours plus tard, et m'a donné rendez-vous à… Prague, au milieu du pont Charles… à six heures du matin.

De nouveau, je me demande si je vais y aller. Juste pour danser quelques minutes ? C'est complètement fou ! Que dire du coût d'une telle balade ? Comment fait-il,

Rolando ? Où trouve-t-il l'argent ? Il doit être riche. Peut-être est-ce l'une des dernières extravagances de sa vie ?

Mais j'ai appris à reconnaître les manipulations rusées de mon Saboteur. Les raisons évoquées pour renoncer au voyage ne tiennent pas la route. Dans toute décision, il y a autant de pour que de contre. Je me suis engagé. N'est-ce pas une raison suffisante ? Que vaut ma parole, sinon ?

À Prague, en dansant, je *me libérai* pour laisser entrer en moi le Sens de ma Vie. Je ne l'avais toujours pas trouvé, mais j'ai fait *comme si*. Rolando m'a appris là quelque chose d'utile : chaque fois que j'hésite parce que je pense ne pas pouvoir réaliser une chose, je feins de le pouvoir. Cela marche parfaitement.

Il y a eu encore quatre autres rendez-vous insolites où j'ai dansé :

À Berlin, à la porte de Brandebourg, où le mur mythique a été démantelé. J'ai *abattu* à mon tour les dernières résistances de mon *mur intérieur*.

À Barcelone, aux pieds de la statue de Christophe Colomb, « qui caressait le rêve de découvrir le Nouveau Monde... avant de mourir ». J'y ai exprimé ma propre quête d'un *Nouveau Monde*.

Sur le pont Marienbrücke, point de vue rêvé pour découvrir le château fou de Neuschwanstein, féerique sous la neige, construit par Louis II de Bavière, réalisation matérielle d'un projet excentrique. J'y ai manifesté la *folie* de mon rêve.

L'avant-dernier rendez-vous était plus singulier que les autres : il était fixé en Irlande, dans un vieux château du XIIᵉ siècle donnant sur un lac au passé mystérieux. Au téléphone, Rolando m'a demandé d'y venir déguisé en chevalier de la Table ronde, en quête du Graal.

— Qu'est-ce que le Graal ?

— À dimanche matin... six heures. Bon voyage, Antoine.

Et il a raccroché, bien sûr. Il a la manie de ne pas répondre aux questions. S'il ne répond pas, c'est qu'il attend que je me donne la peine de rechercher la réponse moi-même. Bon, me suis-je dit, je trouverai bien ce qu'est le Graal. Une chose me tracassait cependant. Il voulait que je me déguise en chevalier de la Table ronde. Est-ce sérieux ? En me posant la question, j'avais déjà la réponse. Rolando ne dit jamais un mot de trop. Il me voulait en chevalier, il m'aurait en chevalier.

Nous étions jeudi soir. Je n'avais pas beaucoup de temps devant moi, et j'ai aussitôt réservé par téléphone un billet d'avion pour Dublin. Plus de place. Y aller en train était difficile, car le château, peu accessible, se trouvait en pleine campagne. Tout ce que je pouvais faire, c'était de m'y rendre en voiture, par Calais, franchir la Manche en hydroglisseur, traverser l'Angleterre, et reprendre un bateau vers l'Irlande. Je devais partir au plus tard vendredi midi. Il était hors de question d'arriver en retard au rendez-vous, Rolando ne m'attendrait pas.

Vendredi matin, j'ai loué un costume de chevalier, suis passé en vitesse dans une librairie où j'ai acheté *Le Graal : histoire et symboles*, de Patrick Rivière. Je le lirais sur le bateau.

Vendredi midi, j'étais en route pour Calais. Je m'imaginais en riant que j'étais un chevalier à la recherche du fameux Graal dont j'ignorais tout.

Rolando n'a pas choisi l'Irlande par hasard. La difficulté devait faire partie du voyage, car cela a été une expédition atroce. Je suis arrivé à Calais à quinze heures, pour apprendre que l'hydroglisseur était annulé à cause du mauvais temps. Le premier bateau ne partait qu'à dix-huit heures. J'ai passé deux heures dans la voiture à lire l'ouvrage sur le Graal. J'ai découvert que, dans mon histoire personnelle, la légende du Graal représente « *la quête de la connaissance de soi* », et aussi « *que le chemin est aussi important que le but du voyage* ». Du moins, c'est ce que j'ai cru comprendre à la première lecture.

Vers dix-sept heures, j'ai entendu que le bateau ne partirait peut-être pas, à cause du temps. Je me suis aussitôt demandé comment faire pour être présent au rendez-vous dans un cas comme celui-là. Y avait-il d'autres possibilités ? Descendre jusqu'au Havre ? C'était loin, et la mer n'y était peut-être pas plus clémente. Heureusement, le vent est tombé peu après, et le bateau a pu appareiller pour Douvres.

La traversée a été éprouvante, et la mer très mauvaise. Je me suis senti ébranlé à plus d'une reprise.

Le sol anglais ne m'a rien épargné. Je conduisais à gauche, en pleine nuit, obligé de me concentrer sans cesse. Il fallait « changer mes habitudes ». Sacré Rolando !

Je suis arrivé à Fishguard vers minuit, et c'est avec consternation que j'ai appris que le premier bateau pour l'Irlande était à six heures trente le lendemain matin. J'ai dormi – ou plutôt je me suis assoupi – dans ma voiture.

Après une traversée sans histoire, je suis arrivé au Kilkea Castle vers six heures du soir, en piteux état. Une chambre était réservée à mon nom, ainsi qu'une petite salle de conférence, dans une dépendance du château, pour le lendemain dimanche, à six heures… J'ai demandé au réceptionniste si Monsieur Rolando Remuto était déjà arrivé, mais il m'a répondu n'avoir aucune réservation à ce nom-là.

— *An old man*, Rolando Remuto, ai-je insisté en essayant de retrouver mon anglais scolaire.

Il a consulté une fois encore le registre de l'hôtel, et a confirmé ne pas trouver de Remuto.

J'ai gagné ma chambre, située au deuxième étage du château, par un escalier en colimaçon. Ma valise s'y trouvait déjà. Je l'ai posée sur le lit, en ai sorti mon costume de chevalier que j'ai suspendu fièrement dans la penderie.

— Dans quelle histoire me suis-je fourré, ai-je pensé, amusé.

Rolando avait choisi un décor approprié aux chevaliers, princesses, dragons et sorciers en tout genre. Il ne manquerait plus que le site soit hanté, me suis-je dit en examinant la haute cheminée de ma chambre. Le château était luxueusement aménagé. Je me suis détendu dans un bain chaud, et suis descendu dîner.

La salle à manger était d'époque, avec des poutres au plafond, des épées sur les murs et des armures de chevaliers sur pied. La plupart des tables étaient occupées. J'ai commandé une assiette de saumon fumé, et j'ai mangé en pensant à cette étrange aventure. Cela faisait plus d'un an maintenant que j'avais rencontré Rolando. Il m'avait apporté son soutien désintéressé depuis le début. J'éprouvais encore quelques difficultés à comprendre ce qui m'arrivait. Je n'étais pas sûr que son aide me servirait à quelque chose, sauf peut-être à élaborer ce nouveau séminaire qui, lentement, prenait forme. Il devait contribuer à réaliser mon rêve : écrire un livre. J'avais le sentiment d'avoir abusé de lui, ayant carrément abandonné l'écriture et en même temps la recherche du sens de ma vie. Pour l'instant, j'étais dans l'expérience du moment présent. Comme un enfant, je vivais une aventure de boy-scout, passionnante et naïve à la fois. Je ne me posais plus la question de savoir où tout cela me conduirait. L'instant me suffisait. Je savourais le bonheur de jouer un jeu sans limites dont l'Europe était le terrain.

J'ai demandé au réceptionniste que l'on me réveille à cinq heures et demie. Prudent, j'ai aussi branché mon réveil de voyage.

J'ai passé une nuit agitée, peuplée de combats d'armures et de sorcellerie.

Le matin, j'ai été réveillé deux fois, comme je l'avais prévu. Je me suis levé inquiet et nerveux. Où était Rolando ? Je suis allé à la fenêtre : il faisait encore nuit, et il y avait du brouillard. Je n'arrivais pas à distinguer l'entrée éclairée du château. J'ai revêtu ma tenue de chevalier de la Table ronde, constituée d'une longue tunique grise avec les armoiries bleues et blanches en croix sur le devant. Je me suis coiffé d'un casque en plastique. Un vrai chevalier partant pour la croisade !

Pour me rendre dans la salle de conférence, il me fallait passer devant la réception. Accoutré comme je l'étais, je me demandais ce que le réceptionniste allait penser de moi : un rigolo déguisé en chevalier, levé à l'aube, et qui allait « travailler » dans une salle de conférence réservée pour lui tout seul. Gêné, j'aurais préféré ne pas avoir à passer devant la réception, mais il le fallait.

Tant pis, me suis-je dit, c'est une épreuve de plus qu'un chevalier *sans peur et sans reproche* se doit d'affronter vaillamment.

Je suis donc passé par la réception, l'air nonchalant, comme si tout était normal. J'ai lorgné le réceptionniste qui, gardant son sang-froid, a fait comme si de rien n'était. Un de ses clients allait tout simplement faire une petite promenade autour du lac. Il m'a salué d'un « *Hello, Sir !* » des plus civilisés. Je n'ai pu m'empêcher de lui lancer un sourire de connivence. Il est resté de marbre.

J'ai franchi la porte du château et me suis dirigé vers la dépendance, construite récemment. J'ai aperçu de la lumière aux fenêtres. Nous étions le 5 décembre, il faisait froid et humide. Le brouillard était épais, on n'y voyait pas à cinq mètres. Je me suis dit que c'était le premier rendez-vous fixé à l'intérieur d'un bâtiment.

J'ai ouvert la porte de la salle avec curiosité, m'attendant à trouver Rolando dans sa longue gabardine et coiffé d'un bonnet... Au lieu de quoi, j'ai découvert un « Merlin l'Enchanteur » de dessin animé, habillé d'une longue robe de taffetas bleue, coiffé de son chapeau pointu et tenant sa baguette magique de la main droite, comme prêt à jeter un sort. La surprise était de taille !

À cet instant, je l'avoue, j'ai eu du mal à garder mon sérieux. Je n'osais imaginer mes enfants découvrant leur père à six heures du matin, dans un château du XIIe siècle, en train de jouer au chevalier de la Table ronde avec un vieil homme se prenant pour un magicien ! Ou encore les participants des séminaires pour qui j'étais un homme sérieux, ou mes amis... ou mes parents... Un tableau extravagant !

Malgré la sincère amitié que j'avais pour le vieil homme, j'ai douté à cet instant de sa raison. Et si toute cette histoire n'était qu'une fumisterie ? Et si je m'étais fait mener en bateau par un bonhomme sénile ?

— Soyez le bienvenu, Seigneur Antoine ! a fait Merlin-Rolando.

J'entre dans le jeu, et fais la révérence.

— Bonjour, Maître Merlin.

— Avez-vous fait bon voyage ?

— Hier soir, je vous aurais maudit. Mais au fond, je ne regrette pas d'être ici. Depuis un an, je vis intensément, comme un gamin. Rolando – pardon, Merlin – vous avez réveillé l'enfant en moi. J'étais devenu un empâté d'adulte qui avait pris son existence au sérieux. Je me demande encore comment j'en suis arrivé à devenir raisonnable, moi, ce garçon espiègle qui ne pensait qu'à jouer et faire des farces !

— La vie entière n'est qu'un jeu, Chevalier Antoine.

Il se met à arpenter la pièce, pointant sa baguette magique sur les armures, les épées, les tableaux qui représentent des batailles de l'époque des croisades.

— La vie n'est qu'illusion. Nous choisissons un jeu et nous le jouons comme des automates toute notre vie. La majorité d'entre nous ignorent que c'est un jeu et que, s'il ne nous amuse plus, nous pouvons l'arrêter et en choisir un autre. Au fond de chacun tourne une disquette informatique qui envoie et renvoie les mêmes instructions. Rares sont ceux qui en prennent conscience et décident un jour consciemment d'effacer la partie du programme qui ne leur convient pas pour la réécrire à leur façon. Un programme n'est pas fixé une fois pour toutes, mais cela, peu le savent. Nous passons notre vie à vouloir à tout prix respecter des consignes périmées. Et si le jeu ne nous procure plus aucune jouissance, nous souffrons, en déclarant d'un air fataliste : c'est la vie ! Eh non ! La vie n'est pas faite que de souffrance. Nous sommes des artistes ! Notre histoire est une œuvre d'art ! Pourquoi la peindre en noir et blanc ? On peut la colorer ! Y ajouter une touche de joie ! un reflet de plaisir ! un éventail de bonheur !

— Vous parlez comme Laurent Van Waeleghem, le journaliste de mon livre, Merlin. Ce sont quasiment ces mots-là que j'ai mis dans sa bouche.

— Je pense que ces mots vagabondent dans l'inconscient de tout le monde. Il suffit de regarder autour de nous : hommes, animaux, arbres, vallées, rivières, étoiles, tout cela n'est-il pas un témoignage manifeste de l'abondance qui nous entoure ? Nous nous sentons misérables parce que nous vivons dans l'opulence et que nous n'en jouissons pas. Comme s'il y avait pénurie.

Regardez les portraits sur ce mur ! Ces hommes qui ont écrit l'histoire de l'Irlande ! Voyez comme ils posent avec un air grave et suffisant. Ils auraient pu rire, ou tirer la langue. Leurs descendants en auraient tiré la leçon suivante : *la vie, c'est aussi sérieux que de se tirer la langue !* Une bonne blague ! Ils n'y ont pas pensé. Ils se sont entretués. Si au moins ils avaient agi en s'amusant, avec des épées en caoutchouc. Non, ils se sont exterminés avec application, pour défendre une prairie, une idée, un pays. Pour l'Irlande ! Pour l'Irlande ! L'Irlande est toujours là, mais pas eux ! La prairie leur a semblé plus importante que leur vie. Quel choix !

Merlin vient vers moi et lève sa baguette magique.

— Antoine, nous sommes ici aujourd'hui pour une cérémonie. Prosternez-vous devant moi !

Je m'agenouille comme un chevalier, le genou gauche à terre, mes mains sur le genou droit relevé, la tête basse.

— Chevalier, vous avez combattu avec courage, vous méritez le titre de chevalier de la Table ronde.

Intuitivement, je baisse un peu plus la tête et lui offre ma nuque.

— Nous, Merlin l'Enchanteur, de par le pouvoir qui nous est conféré, sacrons le Sire Antoine Filissiadis, chevalier de la Table ronde !

En prononçant ces mots, il touche ma nuque de part et d'autre avec sa baguette magique. Je pense : « N'est-ce pas avec une épée que cela doit se faire ? », mais je me rappelle aussitôt que nous sommes libres de changer les règles de n'importe quel jeu. Et celui-ci en est un.

Merlin me relève. Cérémonieusement, il me remet un parchemin enroulé, aux côtés légèrement brûlés. Je le déplie et le lis tout haut :

« République d'Irlande, an de grâce mille neuf cent quatre-vingt-dix-sept, le huit décembre, au lever du soleil, nous, Merlin L'Enchanteur, sacrons :

Antoine Filissiadis, chevalier de la Table ronde. Qui, par monts et par vaux s'en est allé, occire son démon intérieur et découvrir le Graal. »

Et c'est signé : *Merlin L'Enchanteur*.

Suit un sceau en cire rouge avec l'initiale « M ».

Je viens d'être sacré chevalier ! À cet instant précis, j'y crois vraiment. Nous sommes dans un vrai château, à l'époque de la quête du Graal, et Merlin me sacre chevalier. C'est bien vrai que je l'avais mérité : quel homme de 46 ans, respectable, dont le rêve était d'écrire un livre sérieux qui donnerait un Sens à sa Vie, aurait accepté de simuler son enterrement, d'enterrer ses parents, de gesticuler dans des cimetières, de se rendre dans différentes villes, à six heures du matin, de danser son rêve, de se faire sacrer chevalier par un vieillard déguisé en Merlin dans un château d'Irlande ? Et qui – je n'ose faire le compte – serait disposé à dépenser une petite fortune pour tous ces voyages ?

Qui ?

Simplement quelqu'un qui aurait envie de mettre de la magie dans sa vie.

Je suis heureux d'être cet homme-là.

— La cérémonie est terminée, dit Rolando, en enlevant son chapeau pointu.

Je fais de même. Nous rions un bon coup et nous tombons dans les bras l'un de l'autre.

— Rolando, dis-je, vous êtes un vrai magicien. Quand je vous ai rencontré, il y a un an, j'étais malheureux parce que j'avais besoin d'écrire un livre pour m'affirmer, j'avais cette idée que cela donnerait un sens à ma vie... Aujourd'hui, je n'ai toujours pas écrit mon livre, mais cela n'a plus d'importance pour moi. Je n'ai pas repoussé ce désir. J'y serai toujours attaché. Vous me l'avez fait comprendre. Et même, vous m'avez fait courir derrière lui plus fort encore. Un beau jour, ce désir est tombé de lui-même. Je me suis éveillé un matin en me disant que cela suffisait. Je n'avais plus envie de perdre mon temps devant un ordinateur, à chercher à devenir quelqu'un. Fini tout cela ! Hop ! du balai ! Quel poids en moins !... Comme je me sens léger ! Je peux disposer de toute cette énergie pour autre chose.

Rolando, une question me brûle les lèvres. Une cérémonie couronne quelque chose. Or ne m'avez-vous pas dit que ce voyage était l'avant-dernier ?... Quelle sera la prochaine étape ? En existe-t-il une, ou bien avez-vous changé d'avis ? C'est comme si nous étions arrivés à la fin d'un événement important. Que va-t-il encore se passer ? Toutes ces surprises vont-elles cesser ? L'enfant qui est en moi n'a pas envie d'une fin... Je commence seulement à y prendre goût... D'ailleurs, je n'ai toujours pas trouvé le sens de ma vie. Pour tout vous dire, cela ne me préoccupe plus aujourd'hui. Alors, comment voyez-vous la suite ? Allez-vous me téléphoner pour me proposer un nouveau rendez-vous dans quinze jours ?

— Antoine, je suis entré dans votre vie parce que vous aviez l'obsession d'écrire un livre, et que vous ne saviez pas comment vous y prendre. En l'écrivant, jour après jour, vous avez épuisé cette obsession. Le désir s'est émoussé. Par lui-même. Seul. Et en même temps, votre quête du sens de votre vie. En quoi puis-je encore vous aider ? Vous n'avez plus besoin de moi. Je vous ai promis un prochain rendez-vous. Il aura lieu, mais celui-là, je n'en connais ni la date ni le lieu. Vous avez pris l'habitude d'attendre ces voyages, ce n'est donc plus une surprise. Le prochain voyage sera une expédition lointaine. Il s'organisera quand vous ne vous y attendrez pas... quand je ne serai plus qu'un souvenir pour vous. Une vraie surprise !

— Rolando, je tiens à notre amitié, je voudrais vous présenter à ma famille, à mes amis et aux participants de mes séminaires. D'ailleurs, je n'ai plus que votre nom sur les lèvres. Des expériences que vous m'avez fait vivre, je compte concevoir un séminaire qui s'appellera : « Va au bout de tes rêves ! » J'y inclurai la danse, une véritable révélation pour quelqu'un comme moi, réfugié dans le mental. Nous pourrions l'animer ensemble, moi les exercices intellectuels, et vous les processus dansés, qu'en pensez-vous ? Les stagiaires seront conquis par votre personnalité. Rolando, dites oui !

Rolando sourit. Il garde le silence pendant un long moment. Il penche la tête d'un côté puis de l'autre ; il doit peser le pour et contre. Je suis sûr qu'il va refuser poliment.

— Je suis honoré par votre proposition, Antoine. C'est tentant pour un vieil homme de mon âge de retrouver des élèves, cela remplirait la fin de sa vie. D'un autre côté, vous le savez, je suis un vieux monsieur, j'ai mon travail au cimetière... Je ne sais pas si j'aurai la force, vous prenez là un risque...

J'insiste.

— Rolando, tout ça, ce sont des mots, du charabia, comme vous dites. En avez-vous envie ? Si oui, dites oui !

— Oui !

Il a accepté ? Je n'en crois pas mes oreilles.

— Rolando, vous voulez dire que vous acceptez d'animer des séminaires avec moi, j'ai bien entendu, n'est-ce pas ?

— Vous avez bien entendu, Antoine.

Je me lève, heureux.

— Super ! Ce sera un séminaire génial ! Venez Rolando, sortons d'ici.

Je l'emmène derrière le château, au bord du lac. La brume entoure les arbres, flotte sur l'eau.

— Dansons notre décision, dis-je.

Nous attendons quelques instants, dans le silence, que la musique nous parvienne du bout du monde.

— J'entends des cornemuses, dis-je tout bas à Rolando.

— Oui, Antoine. *Amazing Grace.*

C'est alors que, pour la première fois de ma vie, j'ai assisté à un événement de nature spirituelle. Cela touchait au merveilleux, au surnaturel : la musique s'est matérialisée en énergie visible. J'ai vu le rythme prendre progressivement possession des arbres, de l'eau, de la terre et du ciel. Les sons ont traversé le temps, tournoyé dans la brume, plongé dans l'eau du lac, ils en ont émergé avec force, virevoltant dans les airs et nous transperçant soudainement de leur magnificence.

Touchés par la grâce, Rolando et moi avons entamé un singulier ballet où nous partagions enfin le même mouvement, nous éloignant pour mieux nous retrouver, nous rapprochant pour mieux nous séparer. Je l'accompagnais dans ses gestes et il me suivait dans les miens.

Et les éléments pouvaient contempler dans le petit matin naissant, au bord d'un lac mystérieux, un chevalier et un magicien célébrant leur alliance.

XIII

Rolando a décidé de rester en Irlande quelques jours de plus. Il avait trouvé la région superbe. Des promenades à faire... Des coins à découvrir... Il logeait chez l'habitant, un couple de son âge avec qui il avait noué des relations.

Moi, j'avais juste le temps de rentrer, de réunir mon matériel et de foncer à Lille, où j'animais un séminaire.

J'avais pensé que ce voyage en Irlande m'aurait fatigué, et en effet je me sentais physiquement épuisé. Mais curieusement, j'ai dirigé le séminaire avec une énergie et un enthousiasme que je ne me connaissais pas. Je me suis surpris plusieurs fois, pendant le stage, à parler de mon ami, et à citer des bribes de nos conversations. Et aussi, j'ai annoncé notre prochaine collaboration. Rolando était entré dans ma vie, faisait partie de moi. Son raisonnement était devenu le mien.

Pendant les deux mois qui ont suivi, je me suis rendu dans différentes villes de France, où j'ai dirigé mon séminaire avec le même enthousiasme. Je ne trouvais pas le temps de passer voir Rolando, et lui-même ne m'a pas contacté. Il me manquait terriblement.

Au mois de mars, je disposais de trois semaines pour préparer le scénario du séminaire « Va au bout de tes rêves ! ». Je l'ai construit sans faire appel à Rolando, car je voulais lui faire la surprise. Ce séminaire lui était dédié, ce serait mon cadeau pour le remercier des marques d'affection qu'il m'avait témoignées avec tant d'intelligence et de respect depuis plus d'un an. Tout ce qu'il m'a fait vivre y était présent, sous forme de processus. J'y ménageais ces moments divins où les participants danseraient leurs émotions. Je réservais le choix des musiques à Rolando. C'est lui qui composerait la chorégraphie des moments musicaux. Je « voyais » ce nouveau séminaire. Je ressentais les réactions des stagiaires. Une certitude absolue vibrait en moi : j'étais en train de monter un stage qui laisserait des traces dans la vie de ceux qui croiseraient sa route. Il allait les aider à clarifier leur existence, tout comme ma rencontre avec Rolando m'avait aidé à clarifier la mienne. Cette expérience viendrait à point nommé pour qui était résolu à donner un coup de pouce à son aventure personnelle.

« *Le gain de la recherche, c'est la recherche même* », a écrit Grégoire de Nysse.

« Va au bout de tes rêves ! » sera mon premier séminaire à quête spirituelle. Je n'aurais pu le créer plus tôt, je n'étais pas prêt. D'une durée de trois jours. J'hésite encore… Peut-être que sous la supervision de Rolando, je serai amené à rajouter un jour ou deux. Je me demande si je pourrai y inclure les fameux voyages... Ce serait magique ! Des rendez-vous-surprises à six heures du matin dans toute l'Europe, où se retrouveraient une cinquantaine de personnes qui partageraient leurs rêves. Fantastique !

Voyons... qui serait prêt à s'engager dans pareille entreprise ? En règle générale, l'adulte a peur de tout ce qui bouscule son confort, de tout ce qui dérange ses habitudes. Il arrive régulièrement que des personnes inscrites à mon séminaire se désistent à la dernière minute parce qu'il a lieu à cinquante kilomètres de chez eux. Ou parce qu'il se termine tard et qu'ils doivent se débrouiller pour rentrer en pleine nuit au « péril de leur vie ».

Exceptés Indiana Jones et Steven Spielberg, qui aurait envie de jouer aux *Aventuriers de l'Arche perdue* dans un monde où tout engagement personnel doit assurer un profit rationnel ? Dans un monde où le jeu est suspecté, et le sérieux honoré ? Où l'on ne risque rien pour rien ? Où tout est calculé avec circonspection ? Les participants devront faire face non seulement à leur saboteur intérieur, ce qui n'est déjà pas une mince affaire, mais aussi et surtout à l'énorme pression sociale extérieure, femme, mari, voisin, rumeurs de toutes sortes... Reconnaissons là notre Saboteur vedette numéro un, celui pour qui nous sacrifions souvent nos désirs, en échange d'une vie bien rangée, le fameux et redoutable « *QU'EN DIRA-T-ON* ! » J'entends déjà les réactions scandalisées ! Des rendez-vous à six heures du matin en Europe ? Pour quoi faire ? Danser le rêve de sa vie ? Ridicule ! À quoi cela sert-il ?

Qui pourrait comprendre que c'est au moment précis où l'on accepte l'inacceptable et l'inutile, que s'ouvre en nous avec émerveillement un plus grand espace de vie ?

Qui ?

Des êtres pour qui la vie représente une aventure extraordinaire et non un danger. Des individus en quête d'une raison de vivre, prêts à relever un défi : celui d'être vivant ! Disposés à laisser entrer dans leur histoire ce qui vient, l'inattendu, l'inconnu, l'exceptionnel, et aussi le commun et le banal. Quel événement ce serait ! Grandiose ! Rien qu'à imaginer cette possibilité, mon cœur cogne plus fort dans ma poitrine. C'est un signe : *il faut inclure les voyages !* Mais où les gens vont-ils trouver les moyens nécessaires aux déplacements ? Une épreuve de plus ? Ou un frein ? *Trouver l'argent des voyages fera partie intégrante du séminaire !* Oui ! C'est cela ! Ils vont devoir se débrouiller, se concerter, négocier pour y aller seul, ou à plusieurs, en voiture, en train, ou bien ils loueront un minibus... en se partageant les frais...

Je me rappelle encore parfaitement cet instant. C'était un jeudi, il devait être midi, je m'emportais... vagabondant dans mon imagination... Je pesais le pour et le contre... Voyages ou pas... quand ma femme a fait irruption dans mon bureau et posé une petite enveloppe capitonnée sur le coin de ma table de travail.

— Ce n'est pas timbré, a-t-elle dit. Quelqu'un a dû la glisser dans la boîte aux lettres. Depuis quand es-tu un danseur hors du commun ?

Encore perdu dans mes pensées, je n'ai pas compris ce qu'elle venait de dire. J'ai pris l'enveloppe machinalement, et j'ai aussitôt remarqué, en plein milieu, la phrase soulignée : « À mon ami Antoine, un danseur hors du commun... » J'ai reconnu le style de Rolando :

J'ai dû changer de physionomie, car Nadine a ajouté :

— Qui est-ce... un problème ?

Je n'avais qu'une envie : rester seul. J'ai reposé l'enveloppe et dit :

— Je t'expliquerai... je prépare un nouveau séminaire...

Nadine est sortie, et je suis resté là, fixant l'enveloppe, n'osant la toucher. J'avais la certitude de quelque chose de grave, de définitif. Rolando m'a-t-il quitté ? Un accident ? A-t-il rejoint sa femme là où elle se trouve ?

J'ouvre l'enveloppe et en retire une cassette audio. Elle porte une étiquette blanche sur laquelle je peux lire : « Danse ta vie ! »

Pas de lettre d'accompagnement.

Je me lève nerveusement et me rends dans la chambre de Caroline. Je branche sa chaîne stéréo et insère la cassette dans le lecteur. Les enceintes diffusent *Sarabande* de la *Suite n° 11* de Haendel. J'enclenche l'avance rapide pour arriver à la fin, cherchant la voix de Rolando. Après le morceau musical, il n'y a rien, et rien non plus sur l'autre face.

Soudain, une excitation intérieure m'envahit.

Je range la cassette dans le tiroir de mon bureau, passe un veston et quitte la maison.

Je me gare à ma place habituelle. Il doit être midi. Le ciel est couvert, il fait froid. Il y a du monde dans les rues, surtout des étudiants. Machinalement, je marche vers la maison de Rolando. Je pousse la porte cochère et, aussitôt, j'entends le piano. Je traverse la cour et arrive devant la salle de danse dont je fais coulisser la porte. J'entre. Un homme, installé devant un piano droit, joue un air de jazz. Ce n'est pas Rolando. Qui d'autre cela peut-il bien être ? Il ne reçoit jamais personne. Je me déchausse, je m'approche. L'homme a de longs cheveux noirs. Il tourne la tête légèrement vers moi, sans arrêter de jouer. Il est jeune, une trentaine d'années tout au plus.

— Vous êtes en retard, dit-il, avec un soupçon de reproche dans la voix.

Je ne comprends pas.

— Je suis venu immédiatement après avoir reçu l'enveloppe, dis-je.

L'homme arrête de jouer et se tourne vers moi. Il

m'interroge du regard.

— Quelle enveloppe ?

— L'enveloppe de Rolando.

— De quoi parlez-vous ? Qui est Rolando ?

— Le professeur de danse, Rolando Remuto. Le vieux monsieur avec un bonnet sur la tête.

— Il n'y a pas d'autre professeur de danse que moi, ici. Je ne connais personne qui s'appelle Rolando, ni parmi mes élèves, ni parmi mes anciens élèves.

— Excusez-moi d'insister, c'est le vieil homme qui habite la maison contiguë à la salle de danse, dis-je en montrant la maison, de l'autre côté de la cour.

Il ne paraît pas comprendre.

— Là, c'est chez moi, dit-il. Et c'est aussi le secré-tariat de l'école. Que cherchez-vous au juste ?

— Je suis venu dans cette maison depuis plus d'un an, et plusieurs soirées par semaine. Le vieux monsieur a-t-il déménagé ?

— Je ne comprends rien de ce que vous me dites. Il se lève et me fait signe de le suivre.

— Venez.

Je le suis, mes chaussures à la main. Il traverse la cour et entre chez Rolando. À l'intérieur, je reste un moment immobile, dérouté. Je ne reconnais pas le salon où nous avons passé de longues soirées à discuter, Rolando et moi. À la place, je découvre un secrétariat, avec un bureau métallique, deux chaises, un téléphone, un téléfax, une photocopieuse. Le désordre apparent donne l'impression que les occupants sont installés là depuis longtemps.

— Vous permettez ? Je me dirige vers la cuisine, où le vieil homme me préparait le thé...

Mes cheveux se dressent sur ma tête ; je ne suis plus dans la maison de Rolando. Je ne reconnais aucun des meu-bles, tout a été remplacé par du mobilier contemporain.

Le jeune homme voit mon embarras, et me propose

son aide. Il doit enfin me prendre au sérieux.

— Asseyez-vous un moment, dit-il, et expliquez-moi ce que vous cherchez ici.

Je lui raconte ma rencontre avec Rolando et mes visites régulières, depuis plus d'un an, ici, dans ce salon.

— Ce n'est pas possible. Vous devez vous tromper d'endroit ; j'habite ici depuis plus de six ans. C'est mon école de danse. C'est chez moi. Je donne des cours tous les jours, le week-end compris. Et je n'ai jamais vu un vieil homme avec un bonnet sur la tête rôder dans les parages.

Je réfléchis… en remettant machinalement mes chaussures. Est-ce un tour à la Rolando ? Pour me faire perdre mes repères ? Il en est capable…

— Il travaille au cimetière d'en face, il entretient les sépultures…

Là, je vois à l'expression de son visage que mon interlocuteur commence à perdre patience.

— S'il travaille au cimetière, pourquoi n'iriez vous pas voir là-bas ? Je suis désolé, mais j'attends un nouvel élève.

— C'est une bonne idée, dis-je, il doit être au cimetière. J'ai l'impression qu'il me manipule, et vous aussi, je pense…

Je me lève. Le jeune homme m'ouvre la porte qui donne sur la cour, cette porte que je connais si bien… Je sors sans le saluer, perdu dans mes pensées.

Rolando frappe fort ! Il m'a, une fois de plus, monté une mise en scène de taille. Il ne me reste que la cassette… Haendel… Il doit y avoir une explication…

Le cimetière est ouvert, j'y pénètre par l'entrée principale, et me mets à chercher Rolando. Je fais rapidement le tour des allées, en vain. Je retourne à l'entrée, où se trouve le refuge du gardien. Un homme d'une cinquantaine d'années me reçoit.

— Bonjour, dis-je, je voudrais savoir si Rolando travaille aujourd'hui.

— Qui ?

— Monsieur Remuto. Rolando Remuto, le vieux monsieur qui entretient le cimetière.

— Nous n'avons personne qui s'appelle Remuto, et encore moins de vieux monsieur.

— Il est très vieux, mais il travaille au cimetière parce qu'il connaissait le maire. Il a une barbe grise et un bonnet de couleur sur la tête. Il nettoie les allées, je l'ai rencontré ici, plusieurs fois.

— Et moi, je vous dis que vous devez vous tromper d'endroit. Écoutez, j'ai du travail…

Il commence à s'énerver.

Qu'est-ce que c'est que cette histoire ? Où est Rolando ? J'aperçois deux fossoyeurs qui creusent un trou, et je m'approche d'eux.

— Excusez-moi, dis-je, travaillez-vous ici depuis longtemps ?

— Quelques années, répond l'un des deux, sans arrêter de creuser. Pourquoi ?

— Vous devez connaître un vieux monsieur qui entretient le cimetière, Rolando, il a un bonnet de laine sur la tête. Il travaille ici depuis des années, lui aussi. Il entretient l'endroit…

L'homme arrête un instant sa besogne et me regarde :

— Il travaille au cimetière ?

— Oui, depuis longtemps…

— À part nous deux et le gardien, il n'y a pas d'autre ouvrier. Vous êtes sûr que c'est ici ? Rien ne ressemble plus à un cimetière qu'un autre cimetière…

Il hausse les épaules et reprend son travail. Je reste là, un moment, à les regarder travailler.

Lentement, je me mets à marcher vers la tombe de l'artiste peintre. Elle est toujours là. Ouf ! Je regarde la pierre tombale, et je me surprends à parler au mort :

— Qu'est devenu Rolando ? Personne ne semble le connaître... Pourtant, il existe... je l'ai rencontré des dizaines de fois... Que signifie tout ceci ? Quel est le message ? Existe-t-il autre chose sur la bande magnétique ? Sa disparition ne serait-elle qu'une mise en scène ? Le jeune professeur de danse, le gardien et les ouvriers du cimetière en font-ils partie ? Rolando m'a dit qu'il allait travailler avec moi, dans mon nouveau séminaire. D'une façon ou d'une autre, je sais qu'il tiendra sa promesse, j'en suis sûr. Le séminaire est presque sur pied, c'était à lui, maintenant... La musique... tout doit être dans la cassette... Où est Rolando ?

Aucune réponse. Le mort reste muet.

Je m'éloigne de la tombe et me mets à chercher celle de la femme de Rolando. Elle doit se trouver un peu plus loin... Enfin, c'est ce que je pensais... car je ne la trouve pas. J'erre sans conviction dans les allées... Pas de tombe, elle a disparu, elle aussi. Il ne reste aucune trace du vieil homme.

Je m'appuie contre un arbre. Je me sens mal... Que m'arrive-t-il ? Rolando a-t-il existé ? L'ai-je inventé ? J'essaie de me remémorer nos rendez-vous, les leçons de danse, les voyages... Sa maison, son studio... le thé...

Je suis profondément perturbé. La cassette ! Elle existe bien, elle... Oui, la cassette, c'est bien une preuve...

Et Jacqueline, la jeune femme morte de leucémie, qui connaissait Rolando, je l'ai bien vue, je lui ai parlé, on doit la connaître à l'école de danse ?

Je retourne au studio. Une leçon est en cours, et j'attends dehors la fin de la séance.

Quand l'élève sort, je me pointe à l'entrée de la salle. Le professeur me voit. Je lui fais signe que j'ai encore quelque chose à lui dire. Il s'approche de moi.

— Excusez-moi, dis-je, j'ai encore une question à

vous poser. Il y a un peu plus d'un an, j'ai rencontré ici même une élève, elle s'appelait Jacqueline, elle avait 20 ans, elle était malade… Elle n'avait plus de cheveux…

— Jacqueline, oui, c'était mon élève… Elle est décédée, il y a un an.

— Ah, dis-je, enfin. Je n'ai pas rêvé… Je commençais sérieusement à me poser des questions… Vous voyez bien… Jacqueline connaissait Rolando, c'était son professeur de danse.

— Son professeur, c'était moi, et elle n'a jamais mentionné le nom de Rolando. À ma connaissance, elle n'avait pas d'autre professeur de danse…

Je n'insiste pas, le remercie poliment et le quitte. Je viens d'avoir une idée… La maison communale est à deux pas…

Je me présente au guichet de la population. Je demande à l'employée de me donner le nom du propriétaire de la maison située au numéro 107, avenue de la Couronne. Elle consulte un registre, écrit quelque chose sur un bout de papier et revient au guichet.

— La maison appartient depuis sept ans à Monsieur Jean-Louis Geert. Les lieux sont destinés à un usage d'habitation et de commerce, c'est une école de danse.

— Permettez-moi de vous demander encore une chose : auriez-vous un certain Monsieur Remuto, Rolando Remuto, habitant à la même adresse, ou ailleurs dans la commune ?

L'employée consulte un dossier, puis un autre, sans résultat. Rolando Remuto est parfaitement inconnu à Ixelles.

Le sens de tout cela doit se trouver sur la bande magnétique… Je ne rentre pas immédiatement chez moi comme j'aurais dû le faire. Je passe l'après-midi à errer dans les rues, en voiture, dans un état second. Comme au cinéma, je vois se dérouler les expériences vécues avec le vieil homme, séquence après séquence. Haendel… J'ai un pressentiment…

Quelque chose en moi avait compris…

Et je retarde le moment…

Je rentre chez moi vers vingt heures. Nadine m'attend. À la façon inhabituelle dont je l'ai quittée ce matin, elle se doute bien que quelque chose ne tourne pas rond. Mon visage de ce soir ne fait que l'inquiéter davantage.

Je lui demande de venir dans mon bureau. Elle s'assied en face de moi. Je prends l'enveloppe blanche, et me mets à parler.

— Il m'est arrivé une drôle d'histoire… Je n'arrive pas à retrouver un vieux monsieur qui m'a aidé à élaborer mon nouveau séminaire… Il a disparu… comme par enchantement… Personne ne semble le connaître… Je viens de chez lui. C'est tout simplement effarant, quelqu'un d'autre habite dans son salon, là où nous avons passé des soirées entières à discuter !… C'est à croire que j'ai perdu la tête. Dis-moi, m'as-tu entendu parler d'un certain Rolando Remuto ? Un vieil homme, très âgé. Je l'ai rencontré, il y a un peu plus d'un an à l'une de mes conférences.

— Rolando ? Non, dit-elle, tu n'as jamais mentionné ce nom, ni parlé d'un vieux monsieur…

— Te rappelles-tu que l'on me téléphonait tous les quinze jours et qu'à la suite de ces appels, je partais à l'étranger ?

— Oui, dit-elle, c'était lui, Rolando ?

— Je ne sais plus qui c'était, dis-je. Je me demande même s'il a vraiment existé. As-tu aperçu quelqu'un qui aurait glissé l'enveloppe dans la boîte, ce matin ?

— Non, je n'ai vu personne, ni jeune ni vieux. Qu'est-ce qu'il y avait dans l'enveloppe ?

Je lui montre la cassette.

— De la musique classique, dis-je, rien d'autre, apparemment. Veux-tu me laisser seul... Je t'en parlerai plus tard... Ne m'attends pas pour dîner, je n'ai pas faim...

Lorsque ma femme est sortie de la pièce, j'examine la cassette sous toutes les coutures. Rien d'anormal. Mes mains tremblent. Je retourne nerveusement dans la chambre de ma fille et, en sa présence, réécoute la bande, encore et encore. Caroline me regarde faire, sans oser poser de questions.

— Que cherches-tu ? se risque-t-elle à lâcher au bout d'un long moment.

— Je cherche une voix d'homme.

Je tente autre chose : je remets la cassette au début, ferme les yeux, et m'assieds sur le tapis, les jambes croisées, en position de méditation... Rien. Haendel toujours et encore. Caroline s'impatiente.

— Qu'est-ce que cela veut dire ? dit-elle.

— Quoi donc ?

— *Danse ta vie ?*

— Rien, dis-je, c'est pour que je puisse identifier l'expéditeur.

J'essaie de comprendre... Comprendre... avec la tête. Quand soudain, j'ai une intuition fulgurante. Un éclair de perception !

Danse ta vie !

Le message de Rolando m'a touché. Dans ma chair. *Il* m'attend... au studio.

Oui, Rolando, je viens.

Le studio baigne dans la faible lumière rougeâtre diffusée par les néons d'un restaurant voisin. Je me déchausse dans la pénombre et me rends au fond de la salle, à côté du piano. J'allume la chaîne stéréo et y introduis la cassette. Puis je vais me placer au milieu de la salle.

J'entends les premières notes. La musique occupe progressivement la pièce, évolue autour de moi, et m'englobe dans son rythme.

Je suis prêt.

Mais je ne bouge pas.

Je l'attends.

Alors, les accords, les sons et les harmonies se transforment en une traînée d'étoiles scintillantes qui perce l'invisible et investit mon corps. Rolando m'a atteint. Il est en moi. Je deviens lui, il devient moi. Et au travers de ses mouvements, de mes mouvements, en dansant, il me parle.

XIV

Mon cher Antoine,

C'est la première fois que je me confie à un homme. Depuis le début des temps, vous êtes le seul qui m'ait témoigné de l'amitié. Je sais que j'ai compté pour vous, et au travers de mes révélations, je voudrais vous manifester mon amour. Vous ne pouvez vous imaginer ce que vous avez représenté pour moi. Je suis bouleversé en vous parlant ainsi, et cet état émotionnel auquel je suis confronté est nouveau pour moi. Avoir des sentiments, ce n'était pas prévu dans mes attributions. Mon rôle est de placer des limites à l'existence humaine. Je dis « humaine », car les autres espèces vivantes ne me connaissent pas, elles changent de forme sans se poser de questions.

Je dois mon existence à la pensée des hommes. C'est vous qui m'avez mis au monde. Je serai là, jusqu'à la fin de l'espèce humaine. Vous voyez, nos destins sont liés à jamais.

Antoine, les hommes m'ont inventé, car l'immortalité leur faisait peur. Ensuite, ils se sont détournés de moi. Ils ont modifié ma signification : je suis celui qui prend la vie. C'est faux, Antoine, je ne l'ôte pas, au contraire, je la distribue. Le fait de limiter la vie lui donne de la valeur. C'est tellement évident ! Je suis celui qui a posé des balises à l'infini. Grâce à moi, il y a un fini. Que feriez-vous de l'immortalité ? Plus rien n'aurait de sens. Rien n'est plus ennuyeux que quelque chose qui n'a pas de fin. Même cet amour que vous recherchez désespérément perdrait sa raison d'être. Aimer ? Pour quoi faire ? Vous seriez éternels... La vie sans la mort s'appellerait autrement. Mais cette vérité indéniable, les hommes la refusent. Et vous, Antoine, vous êtes le premier à vous en servir positivement, pour déclencher l'action chez ceux qui vous le demandent. Indirectement, vous tentez de rétablir ma dignité en me citant dans vos conférences et vos séminaires.

Je me souviens de la première fois où vous avez parlé de moi. C'était lors d'une conférence au Palais des Beaux-Arts, à Bruxelles. Vous clôturiez votre exposé :

« Et si un jour vous avez une décision très importante à prendre et que vous hésitez, imaginez que la mort se tient à vos côtés... Tournez-vous vers elle et demandez-lui conseil.

— Un jour, vous chuchotera-t-elle à l'oreille, je t'embrasserai. Tu ne sauras jamais quel sera ce jour. Mais quand mes lèvres te toucheront, tu ne pourras plus rien entreprendre, tout s'arrêtera pour toi. T'ai-je embrassé ? Non ? Et tu hésites encore ?... »

Voilà ce que vous répétiez lors de vos conférences. Vous ne pouvez pas savoir le choc que ça m'a fait ! Un vivant me considérait comme un guide ? Moi, la Mort !

Depuis cette soirée, vous n'avez cessé de me consulter. Antoine, je suis entré dans votre existence parce que vous m'y avez invité. C'était la première fois qu'un être humain me désirait et me valorisait aux yeux de milliers de personnes.

Vous m'avez donné la possibilité extraordinaire de m'exprimer à travers vous. L'occasion était trop belle, je n'ai pu résister. Vous aviez un rêve : écrire un livre. Cela devait donner un sens à votre vie. Vous cherchiez de l'aide, je suis venu. En venant à votre aide, je suis aussi venu à la mienne. Je suis sorti de l'ombre pour communiquer avec les hommes.

Antoine, vous savez qui je suis. Mais vous doutez encore.

Vous accepterez avec difficulté ce que je viens de vous révéler, car malgré vos qualités, vous n'en êtes pas moins homme, doté d'un raisonnement rationnel. Vous allez sûrement vous mettre à ma recherche, vous aurez besoin de vérifier, de comprendre, de trouver des preuves de mon existence, de croire que vous n'avez pas rêvé. Non, Antoine, vous n'avez pas rêvé. Mais vous aurez beau chercher, vous ne me trouverez pas…

Depuis plus d'un an, nous nous sommes côtoyés en partageant des moments de grande intimité, réservés la plupart du temps aux amis ou aux amants. Votre façon d'appréhender la vie ne s'est-elle pas visiblement modifiée ? Pensez-vous vraiment avoir fait ce chemin tout seul ?

Qui vous a appris à danser ?
J'étais à vos côtés, Antoine.

En Irlande, je vous ai fait une promesse : collaborer à la création de votre nouveau séminaire « Va au bout de tes rêves ! ». Vous souhaitiez que je fasse la chorégraphie de processus dansés, n'est-ce pas ? Je vous les soufflerai au moment voulu. N'ayez aucune inquiétude, je serai avec vous dans ce séminaire, du début à la fin, et cela tant que vous l'organiserez. Nous l'avons créé à deux, nous l'animerons à deux. Vos stagiaires auront ainsi l'occasion de faire ma connaissance, comme vous l'avez fait. Quelle magnifique opportunité vous me donnez là, Antoine : servir de guide aux hommes !

Un jour, je vous ai demandé d'écrire votre testament, aujourd'hui je vous lègue le mien.

Je voudrais d'abord signaler que ce n'est pas de moi, la Mort, que les hommes ont peur, mais de la vie. Vous ne pouvez vous imaginer combien vous êtes nombreux à vous terrer par peur de prendre un risque.

« Le plus grand risque dans la vie, c'est de ne pas en prendre ! »

M'entendez-vous, les hommes ? Vous qui vous êtes calfeutrés dans un monde stérilisé, sécurisé, où chaque initiative est prudemment évaluée, jaugée, calculée, où la retraite est négociée âprement dès le premier emploi avec plan de carrière à la clé, un monde où mon intervention elle-même est soigneusement planifiée. Comme je vous plains ! Et en même temps, comme je vous aime !

Rares sont les hommes qui plaisantent en me voyant arriver. Ceux-là, constamment dans l'action, ont brûlé leur vie par les deux bouts... Ils ont fait les quatre cents coups. Ils ont tout vu, tout expérimenté, tout désiré, épuisé le hasard. Pris ce qu'il y avait à prendre. Eux seuls osent me narguer.

Quant à vous, Antoine, vous avez eu le privilège extraordinaire d'avoir la Mort comme guide ! Auriez-vous pu imaginer meilleur maître ? Quel autre professeur, éducateur, sage ou gourou aurait pu vous accompagner dans votre quête spirituelle, alors que ceux-là mêmes tremblent quand ils m'aperçoivent tout au bout du chemin ?

Mes conseils sont fiables, ils viennent de quelqu'un qui connaît bien la destinée. Les routes que je vous ai suggérées sont sûres. Je ne parle pas en charabia, je ne fais pas de théories. À mon contact, même les choses les plus compliquées deviennent simples. Confronté à sa fin, l'homme le plus intransigeant devient doux comme un agneau, affectueux et conciliant comme un enfant. Je vous parle d'expérience.

Depuis quelques années, l'espèce humaine vit dans sa tête. C'est-à-dire qu'elle oublie son côté animal, ce qu'il y a de meilleur en elle. Elle est devenue une chose pensante : un cerveau. Alors elle s'interroge et ne se rend pas compte que ce sont les questions qui justement la rendent malheureuse. Elle veut savoir d'où elle vient, pourquoi elle vit, et où elle va. Elle veut se trouver une raison de vivre, comme vous, Antoine. Et elle en oublie de vivre.

Quel est le sens de la vie ?

Je suis bien placé pour vous le dire, même si personne ne veut le croire : la vie n'a pas de sens. Et à partir de là, chacun peut, en prenant sa vie en main, lui donner une signification.

Je ne sais pas si je suis clair, Antoine, mon ami : la vie n'a pas de sens. N'est-ce pas un bien ? Il n'y a plus à s'en faire pour en trouver un, n'est-ce pas ? Il n'y a plus qu'à être.

De grands cérébraux – on les appelle des Savants, des Philosophes, des Sages hindous, des Gourous, des Religieux, des Papes, et d'autres Intelligences pensent qu'il y a une existence après celle-ci. Ne les croyez pas, Antoine. C'est du charabia de la pensée humaine.

Je vous propose d'examiner l'idée suivante : sommes-nous les mêmes qu'il y a dix ans ? Dans dix ans, quelle sera notre vie ? Et si l'après-vie, n'était qu'un éveil ? Un « satori » ? En changeant de niveau de conscience, automatiquement, nous passerions dans une autre vie.

Après cette vie, il n'y a rien. RIEN ! Ni avant, ni après. Pas de Paradis ni d'Enfer. Je suis bien placé pour vous le dire.

Face aux incertitudes du destin, vous les hommes, avez inventé les compagnies d'assurances. Vivre sans dangers et, pourquoi pas, sans la mort… et vous avez imaginé « l'autre vie ». Du Charabia. Je le répète, il n'y a pas d'autre vie après la mort, mais encore une fois, n'est-ce pas un bien ? Cela donne de la valeur à celle-ci.

Ne vous suffit-elle pas ?

Quand vient leur dernier jour, tous les « Illuminés », malgré leur sérénité glorifiée, tous quand ils m'aperçoivent ne peuvent s'empêcher de sursauter. De même que ceux qui prêchent que l'on peut se faire un allié de la mort... même eux... frémissent de terreur. Savez-vous pourquoi ? Parce qu'ils doutent. Ils ne peuvent s'empêcher de se demander, à la dernière minute, si leurs hypothèses ne sont pas des divagations intellectuelles.

Moi je le sais : ce sont bien des divagations...

Revenons à vous, Antoine. Vous avez abandonné l'idée d'écrire un livre, dites-vous. Je ne connais pas l'avenir, cela ne relève pas de ma compétence. Je vous connais un peu, je ne suis pas sûr que vous soyez définitivement débarrassé de cette obsession. Pour se débarrasser d'un désir, il faut l'avoir réalisé. « On ne peut se débarrasser de quelque chose que l'on n'a pas. »

Je soupçonne que derrière votre envie d'écrire, derrière toutes vos bonnes intentions, se camoufle subtilement le besoin de reconnaissance. Savez-vous que le plus tenace des désirs est l'envie de pouvoir ? de gloire ? de puissance ? de triomphe ?

Un jour, l'envie d'écrire resurgira, et vous irez jusqu'au bout, cette fois. Je l'ai remarqué chez tous les hommes animés d'une forte ambition : ils finissent par la concrétiser. Toujours.

C'est alors que vous serez confronté à l'épreuve la plus terrible de toutes : l'ultime combat contre votre image. On l'appelle aussi l'ego. Vous en avez certainement entendu parler. Il est fort, retors, malin, astucieux, d'un orgueil démesuré. Vous croyez le supprimer et c'est lui qui vous supprime, sans que vous puissiez voir le coup arriver. Très peu se relèvent d'un combat avec l'ego. C'est une bête féroce.

Quand votre livre sera édité, voici ce que je vous prédis : vous risquez de vous prendre au sérieux. De finir par croire à vos belles phrases, d'adorer les théories abracadabrantes que vous aurez construites. Et d'oublier que tout cela n'est qu'un divertissement. Une illusion. Ne vous laissez pas prendre au piège.

Antoine, toute cette histoire est une plaisanterie. Comme les enfants jouent, vous avez joué. Tant mieux si vous en avez tiré un enseignement. Sachez quand même que rien de tout cela n'est important. S'il y a un message c'est bien celui-ci : vous avez fait semblant. C'est pour de rire, comme disent les petits.

Et si certains y voient des significations extravagantes chargées de sens occultes, d'initiations dangereuses, gardez la tête froide. Cela aussi fait partie du jeu. Toutes les passions, les clameurs, vous confirmeront que vous êtes bien en vie, que vous existez, puisque le monde parle de vous. Plus tard, avec de l'éloignement, du bon sens, et le calme revenu, vous trouverez la paix intérieure. Comme nous en avons parlé lors de nos nombreuses soirées, pour pénétrer la lumière il faut traverser les ténèbres, se lancer dans la bataille et affronter la vie. Il n'y a pas de raccourci, mon ami. Pour aller jusqu'au bout de ses rêves, il faut faire le voyage. C'est le prix à payer. Mais quel voyage !

Vous finirez donc un jour par l'écrire votre sacré livre, et avec facilité cette fois. Les années passées à essayer, à chercher, à douter... tout cela n'est pas perdu. Avez-vous observé comment les enfants apprennent à marcher ? Ils se lèvent et tombent. Ils se relèvent et retombent. Les enfants ne connaissent pas l'échec. Ils recommencent encore et encore en rectifiant leur équilibre. Et un jour, ils marchent.

D'autres s'y prennent autrement : après quelques tentatives infructueuses, ils renoncent et se traînent à quatre pattes. Et puis un jour, ils en ont assez de ramper, ils se dressent une fois pour toutes et vont de l'avant. Les parents sont émerveillés par la soudaine facilité de leur bambin. Ne voilà-t-il pas que d'un jour à l'autre, leur petit se lève et marche ? Miracle ! Mais ce n'est pas un miracle, Antoine, le corps se souvient des premières esquisses, elles sont comptabilisées. C'est à partir de là que l'enfant repart.

Ainsi vos premières ébauches littéraires vous seront-elles utiles, le moment venu. Ne croyez pas au miracle ou au génie et surtout, je le répète, ne vous prenez jamais au sérieux. Et si un jour cela vous arrivait quand même, Antoine, et que votre vie devienne lourde, grave, pénible, et que vous ne sachiez plus quelle décision prendre, pensez à moi, comme vous l'avez déjà fait tant de fois, et demandez-moi mon avis : je vous dirai d'aller où votre rêve vous porte ! Il n'y a pas de bonnes ni de mauvaises décisions face à la mort. Essayez-les toutes. Et si elles ne devaient plus vous amuser, eh bien ! félicitez-vous de les avoir essayées, car un jour, vous n'aurez plus l'occasion d'essayer quoi que ce soit. Vous n'aurez plus la possibilité de prendre ce que vous appelez de mauvaises décisions.

Antoine, vous le savez, les hommes ne suivent pas les conseils des autres. C'est une des particularités humaines que de comprendre en faisant sa propre expérience, et d'en tirer ou non des leçons. Je ne vais donc pas perdre du temps à vous conseiller. Depuis notre rencontre, je vous ai suggéré plusieurs routes, à vous de les essayer et d'adopter celles qui vous amusent le plus.

Avez-vous remarqué que le mot « amuser » revient souvent dans ma bouche ? C'est un mot suspect. Peu d'hommes m'ont révélé, au moment final, qu'ils se sont bien amusés. La majorité se figurent que la vie est dure, fatigante et ennuyeuse. Vous ne me croyez pas ? Demandez autour de vous... Le mot qui revient le plus souvent dans la bouche des hommes est « sérieux ». C'est un homme sérieux. Il a écrit un ouvrage sérieux. Il mène une vie sérieuse. Il a une femme et des enfants sérieux. Il fait des placements sérieux, en bon père de famille. Des études sérieuses. Une maison sérieuse. Il fait l'amour sérieusement. Les journaux publient des informations sérieuses. Il a pris sérieusement sa vie en main. Femme sérieuse cherche homme sérieux pour vie sérieuse à deux.

Écoutez ceci, Antoine : au moment du dernier soupir, je n'ai jamais entendu quelqu'un me confier qu'il aurait dû être plus sérieux dans sa vie. Personne. Jamais.

Moi, ça m'est égal. Sérieux ou pas, je les emporte tous, ceux-ci et ceux-là. Au bout du compte, ils se retrouvent dans mes bras.

Cependant, je constate que ceux qui évoluent dans un environnement familial où l'amour circule et se partage, ceux qui se sont rendus disponibles envers leurs proches pour les guider sans toutefois s'imposer, ceux-là respirent des moments plus doux, plus heureux et plus paisibles. Car l'amour est joyeux, pétillant et scintillant comme du champagne. Il engendre un espace de perfection et de liberté. Il est tout sauf sérieux, Antoine !

Les autres, ceux dont les expressions favorites sont : règles strictes, devoirs, responsabilités, principes, érigent un mur d'amertume. L'enfer et le paradis existent. Ils sont ce que les gens font de leur vie. Ce qu'ils en font, pas ce qu'elle est. Car la vie est neutre.

Si vous saviez la misère qui règne dans les foyers, le vide relationnel dans les couples, le manque de plaisir dans l'amour, et même le manque d'amour... Antoine, vos séminaires auront des clients pendant des centaines d'années encore...

Et puis, j'ai constaté que les gens se font du mal encore autrement : ils trouvent la vie injuste.

Regardez autour de vous. La vie n'est pas juste. Mais c'est cela qui la définit. Il y a la pluie et le beau temps. Et la sécheresse. Le plaisir et la douleur. Et la maladie. Ne vaut-il pas mieux composer avec l'inégalité ? Et partir de là pour construire. Il n'y a que moi, la Mort, à être juste. Je ne fais pas de distinction entre le bien et le mal. Je ne connais pas la morale et ne fais pas de différence entre les uns et les autres, tous ont droit à la même sollicitude de ma part. Vous voulez de la justice ? Vous en aurez un jour, je vous le garantis. Au cimetière, il n'y a pas un défunt qui soit plus ou moins mort.

Ils le sont tous pareillement. D'ailleurs, personne ne proteste. Aucune plainte.

Une chose m'étonne encore.

Que faites-vous du temps qui vous est imparti ?

Quand il est l'heure, et que j'approche, vous me suppliez tous, vous mendiez : « ... une journée, encore... juste une... »

Une journée Antoine, c'est l'éternité. Le plus beau cadeau du monde.

— Mais vous avez eu des milliers de journées ! Voilà ma réponse. Des milliers de cadeaux ! Vous ne les avez pas déballés ? Il est trop tard ! Que vous soyez pauvre ou riche, saint ou voyou, je ne donne pas de prolongations.

Antoine, pour terminer, je voudrais vous faire un présent à ma façon, pour vous remercier de votre amour.

Quand sonnera votre heure, je viendrai vous chercher par surprise. Vous ne vous y attendrez pas, vous n'aurez donc pas à vous en préoccuper. Pas de prévisions. De préparations. D'arrangements. D'agonie. Vous n'aurez pas l'occasion d'adresser un mot à votre femme, à vos enfants ni à vos amis. Un instant, et hop ! je vous enlèverai... Vous aurez à peine le temps de me reconnaître. Comme un complice qui vous fait un signe, et déjà, vous ne serez plus.

Que pensez-vous de ce cadeau ?

La plupart des gens n'en voudraient pas. Pourtant, je sais que vous l'apprécierez à sa juste valeur. Car il vous oblige à vivre intensément le moment présent.

À partir d'aujourd'hui, si vous le voulez, chaque jour sera pour vous une bénédiction. Un état de grâce. Un hymne à la vie. Ce n'est pas sur votre lit de mort que vous réunirez vos proches, puisque je vous ôterai cette possibilité, c'est tous les jours que vous les rassemblerez pour faire la fête avec eux. Vous n'aurez pas le choix.

C'est tous les jours que vous mettrez de la joie dans votre vie.

C'est tous les jours que vous vous réveillerez exalté par la journée qui s'offre à vous, le petit déjeuner à partager avec votre femme, la promenade avec vos enfants.

Il fera toujours beau à partir d'aujourd'hui, Antoine. Monsieur Météo n'a plus de raison d'exister pour vous, vous rirez quand il annoncera du mauvais temps. Une tornade ? Quelle aubaine ! Une inondation ? Quelle veine ! Une tempête ? Quel bienfait ! Quelle chance d'en être !

Quoi qu'il se passe dans le monde, comme un reporter à l'affût, vous serez sur tous les coups, vos yeux mitrailleront les événements, passionnément. À partir d'aujourd'hui, les journaux ne publieront pour vous qu'une seule et même bonne nouvelle : vous êtes toujours en vie !

Voilà le privilège que je vous offre, Antoine, mon ami.

J. Greenleaf Whittier a écrit :

« De tous les mots que la plume ou la langue peuvent dire, les plus tristes sont ceux-ci : cela aurait pu être… »

Que ce ne soient pas les vôtres.

Et Oliver Wendel :

« La plupart d'entre nous meurent avec leur musique encore à l'intérieur. »

Le public est déjà dans la salle et attend votre concert. Ne soyez pas en retard.

Le soir de notre première rencontre, je vous ai proposé de vous aider à trouver le sens de votre vie. Vous m'avez demandé pourquoi je faisais cela, et quel en serait le prix. Je vous ai répondu que le moment venu, je vous le dirais.

Ainsi, le moment est arrivé. J'ai besoin de m'exprimer, moi aussi, de me faire connaître. J'ai une réputation à défendre. Si donc il vous reste un peu de place dans votre livre, peut-être pourrez-vous y inclure ma confidence ? Telle est ma demande. Mais je ne veux pas vous obliger, et quoi que vous fassiez, Antoine, ce sera bien.

Faites-moi encore un plaisir, qui justifiera tout le temps que je vous ai consacré : lors de notre prochain et dernier rendez-vous, quand j'approcherai mon visage du vôtre, ne me dites pas : « encore un jour... un seul... »
Car ce jour de plus, je vous l'offre aujourd'hui. Organisez-vous pour en tirer la quintessence.

Je termine ma confession maintenant, en vous présentant ce petit poème zen de Bashô, célèbre poète japonais, que j'ai accompagné comme je vous ai accompagné :

> Rien ne dit
> Dans le chant de la cigale
> Qu'elle est près de sa fin.

Au revoir mon ami,

Rolando Remuto
Ouvrier-thérapeute.

J'ai du mal à rester debout. Les larmes coulent sur mes joues, brouillent ma vue.
Le vieil homme m'a guidé jusqu'au bout de mon existence. Il m'a enterré pour mieux me faire comprendre la valeur de ma destinée.
Et aujourd'hui il m'offre une deuxième chance. Quoi que je vive à présent, ce sera un bonus. Une gratification !
Comment vais-je vivre ma deuxième vie ?

À cet instant précis, m'apparaît clairement le sens de ma vie.

Je viens de trouver ce que je cherchais désespérément. J'entre enfin dans la lumière.

La vie révèle tout son sens quand on abandonne l'idée de lui en donner un. Tout ce chemin pour en arriver là ! Ne pouvait-il m'expliquer cela en toute simplicité ? Non, c'était trop facile. Je n'aurais pas entendu. Pour savoir, il faut effectuer le voyage.

Il n'y a pas de raccourcis.

XV

Prague. Dimanche 14 décembre 1997. Quelques minutes avant six heures. Il neige. La Vltava est gelée. La ville se réveille. C'est l'avant-dernier rendez-vous. Dans quinze jours, nous serons en Irlande pour la fin du séminaire.

Cinquante-quatre stagiaires, venus de France, de Suisse et de Belgique, sont attendus au milieu du pont Charles. Presque tous les participants sont déjà là, à moitié endormis. Arrivés à Prague la veille, ils ont passé la nuit à découvrir la ville et à fêter leurs retrouvailles.

Je regarde ma montre : 5 h 57. Je branche ma radio-cassette portable et lance *Les Aventuriers de l'Arche perdue*, le thème musical qui nous accompagne à chaque voyage. Les cinq manquants ont encore trois minutes. À l'arrêt de la musique, ils seront considérés comme retardataires, et leur aventure s'arrêtera là, c'est l'une des règles décisives du séminaire. Sur soixante-deux stagiaires, huit seulement jusqu'ici se sont exclus en arrivant en retard à l'un des rendez-vous.

Nous guettons nerveusement chaque côté du pont. Personne en vue. Pourtant, les absents sont à Prague, on les a vus traîner la veille au soir dans les rues du centre. Peut-être se sont-ils levés trop tard ou égarés dans les nombreuses ruelles de la ville.

Plus que trente secondes...

Tout à coup, une voiture surgit sur le pont et fonce vers nous à toute allure. Le site étant interdit à la circulation automobile, je songe aussitôt à la police : un groupe de soixante personnes en concert sur le pont Charles à six heures du matin ne peut qu'attirer l'attention des autorités.

La voiture freine à quelques mètres de nous, et les cinq retardataires jaillissent par les portières, sous nos applaudissements.

Pile à l'heure !

Soulagé, je m'adosse contre le muret, avec le groupe autour de moi, en arc de cercle. Je prends la parole.

— Les aventuriers, bonjour ! Je voudrais commencer par vous rappeler, encore une fois, le côté fou de cette histoire : entreprendre un tel voyage pour danser pendant une minute le rêve de sa vie sur un pont, une nuit d'hiver ! C'est absolument insensé ! C'est précisément ce côté déraisonnable qui donne une signification non seulement à l'expérience que nous sommes en train de vivre aujourd'hui, mais à notre vie tout entière. De voyage en voyage, en chacun de nous, s'est dessinée la mission qui lui est propre. Elle s'est installée en douceur dans notre cœur comme s'installe l'intimité. C'est elle qui nous fait vibrer intensément depuis quelques semaines.

Je tire un carnet de la poche de mon manteau.

— Je voudrais vous lire un extrait du très beau livre de Victor Frankl sur le sens de la vie :

« Le caractère éphémère de notre existence ne lui enlève pas son sens. C'est ici qu'intervient notre responsabilité, car tout dépend de comment nous allons réaliser cette transition éphémère.

À tout moment, l'être humain doit choisir, pour le meilleur ou pour le pire, quel sera le monument de son existence. »

Chacun a choisi son *monument* et s'est mis en marche pour le réaliser. L'un après l'autre, vous allez prendre ma place devant le groupe, répéter tout haut votre objectif, et le danser. Ensuite, je vous propose de partager ensemble, ici même, le petit déjeuner. J'espère que vous avez pensé aux croissants et au café !

En parlant, je laisse mon regard caresser la perfection du moment. Soixante personnes sont ralliées par un même projet et réunies sur l'une des plus belles créations architecturales d'Europe : le pont Charles, bordé de statues de style baroque éclairées par des lanternes sur lesquelles viennent se poser les flocons de neige, et dont la lumière diffuse nous entoure d'un halo scintillant. En levant légèrement les yeux, j'aperçois le Château royal, illuminé, au sommet de la colline. L'instant est féerique. Je suis ému.

— Un jour, lorsque nous serons très vieux, nous raconterons cette expérience à nos petits-enfants. Nous pourrons leur dire qu'un matin d'hiver, à Prague, nous avons donné un sens à notre vie.

Vers la fin de la phrase, le ton de ma voix a tremblé. Le groupe a dû percevoir mon émotion.

C'est à cet instant précis que j'entends la voix.

J'ai fini le discours d'introduction et je m'apprête à céder la place au premier intervenant.

— Antoine, quel est le sens de votre vie ?

C'est une voix d'homme que j'identifie immédiatement. Mon regard cherche parmi les rares passants qui traversent le pont à cette heure matinale.

J'aperçois un vieil homme qui s'éloigne lentement du côté de la tour. Il porte une longue gabardine, et un bonnet sur la tête. Un bonnet de laine, avec un pompon de couleur.

Je souris.

— Vivre ! Vivre, tout simplement.

À l'instant même où je prononce ces mots, une mélodie s'élève doucement du fleuve et occupe graduellement le pont. Je reconnais la musique du film *Itinéraire d'un enfant gâté*.

Je fais un pas en avant. Le groupe recule pour ouvrir l'espace.

Je me mets à danser.

Musiques

Goldman, Jean-Jacques, *Au bout de mes rêves*, Epic, CDEPC 25089.

Schubert, Franz, *La Jeune Fille et la Mort*, D 810 Amadeus-Quartett, Deutsche Grammophon, 410 024-2, Polydor International, 1982.

Ravel, Maurice, *Daphnis et Chloé*, Royal Concertgebouw Orchestra, Riccardo Chailly, Decca, 443 934-2.

Bach, Johann Sebastien, *Air*, Berliner Philharmoniker, Herbert Von Karajan, Deutsche Grammophon, 413 309-2.

Couperin, François, *Troisième Leçon de Ténèbres*, Jordi Savall, bande originale du film de Alain Corneau, *Tous les matins du monde*, Auvidis/Valois, V 4640.

Vangelis, *Dream In An Open Place*, Warner Music, 1995, Voices, 0630-12786-2.

Mahler, Gustav, *Symphonie n° 5, 4ᵉ mouvement, Mort à Venise*, London Philharmonic Orchestra, Klaus Tennstedt, EMI CDM 7 62573-2.

Catalani, Alfredo, *L'air de la Wally*, acte 2, par Maria Callas, *Diva* de Jean-Jacques Beinex, London Philharmonia Orchestra, Tullio Serafin, EMI CDM 7 62574-2.

The Pipes And Drums Of Scotland, *Amazing Grace*, Lismor, 1987, LCOM 9001.

Williams, J., *Les Aventuriers de l'Arche perdue*, The London Starlight Orchestra & Singers, 60 Famous Film Themes, Vol. 1, Star Inc. 1990.

Mouskouri, Nana, *Classique, Gloria Eterna, Suite n° 11, Sarabande*, de Georg-Friedrich Haendel, Philips 836593-2.

Lai, Francis, *Itinéraire d'un enfant gâté*, bande originale du film de Claude Lelouch, Pomme Music 930 092, Sony.

Bibliographie

Cayrol, Alain/Saint Paul, Josiane de, *Derrière la Magie – La Programmation Neuro-Linguistique*, Interéditions, Paris, 1984.

Daniel Roumanoff, *Svâmi Prajnânpad – Un maître contemporain*, volume 2, La Table Ronde, coll. « Les Chemins de la Sagesse », 2002.

Rivière, Patrick, *Le Graal : Histoire et symboles*, Éditions du Rocher, 1990.

Dr Eric Berne, *Que dites-vous après avoir dit bonjour ?* Tchou, 1983.

La Sagesse de l'éveil, Textes pour la méditation, Albin Michel, 1985.

Frankl, Viktor Emil, *Découvrir un sens à sa vie, avec la Logothérapie*, Les Éditions de L'Homme, 1988.

Antoine Filissiadis est né en 1951. Il vit à Chypre, sur l'île d'Aphrodite. Écrivain et conférencier, il anime en Europe et au Canada des séminaires sur les relations humaines : « Oxygen » et « Va au bout de tes rêves ! »

www.oxygenstage.com

Si vous désirez lui écrire :
contact@antoinefilissiadis.net

Son site personnel : www.antoinefilissiadis.net

Cet ouvrage a été composé en Dolly 9,5/12 et achevé d'imprimer en
janvier 2008 sur les presses de Quebecor World Saint-Romuald, Canada.

certifié   procédé sans chlore   100 % post-   archives   énergie biogaz
consommation   permanentes

Imprimé sur du papier Quebecor Enviro 100 % postconsommation, traité
sans chlore, accrédité Éco-Logo et fait à partir de biogaz.